王彩鸝、黃兆璽、胡世澤 著

Flip. 翻轉，師大

序

現任立法委員
中華民國國立臺灣師範大學全國校友總會名譽理事長　王金平

這些年我十分關注台灣教育的發展，面對強大的國際競爭壓力與局勢變化，台灣的大學確實面對許多壓力與危機。二〇一〇年張國恩校長接任母校臺師大的校長，當時師大正在面臨轉型，而什麼樣的人擔任校長，將關乎師大的命運。五十一歲的張國恩被委以重任，當時的他，一來相當年輕，二者並非臺師大畢業校友，許多人對他充滿好奇與遲疑，但我心中，他能接任校長正代表師大跳脫過去的思維，我心想，他代表一個新時代的來臨，也象徵臺師大在這樣非典型師大人領導下，將有一番新的氣象。

張國恩是位充滿智慧的理想主義者，回首八年師大的成長，在溫和改革的背後，靠的卻是他聰明的智慧與強大毅力，亦可以看見他前瞻的思維。張國恩是台灣戰後出生的知識青年，也正是典型台灣青年世代的樣板，父親來自福建，從小在艱苦的環境中成長，靠著自我的努力考上大學，攻讀碩士、博士，他做過車床、爬過電線桿，在基層服務過，即使吃再多的苦，卻始終懷有理想性與對家庭、社會的使命感，種種的磨練，培養他穩定卻帶有勇於挑戰的性格，不怕變動亦能以不變應萬變，也敢於承擔風險，帶領師大做出革新，修復已經老化的龐大組織，在運籌帷幄下打造一個嶄新的團隊。

轉眼八年過去了，張國恩為師大繳出漂亮的成績單，無論是國際化發展、世界排名、校務發展都擁有傲人的成績。不靠權力，靠智慧，不靠手段，靠真誠，這就是張國恩的特質，八年來，觀察他面對棘手的問題，是極富有判斷力與決斷力，用人唯才，凡事大局為重，他雖嚴以律己，卻處處寬以待人，種種特質，前瞻的想法，讓師大早在巨浪來襲前，能在韜光養晦的低調成長中，幫助系所多元發展與茁壯，而無畏少子化衝擊。

張國恩更以宏雅的格局，帶領師大一躍成為閃耀全球的頂尖大學，當二〇一五、二〇一七各以QS、THE拿下世界大學教育類排名第二十二名的傲人成績，更證明臺師大已經從老牌的師範大學，翻轉成為一所可以跟國際競爭的綜合性大學。

張國恩翻轉了師大，這個改變確立臺師大在全球大學競爭中，可以面對強悍的競爭對手，師大成功模式已成為亞洲許多大學效法的對象，現在的師大終於可以在師資培育、教育學門站穩腳步後，再帶領其他學院全方位發展。國立臺灣師範大學在張國恩校長的帶領下有了嶄新的不凡局面。

序

金仁寶集團董事長
中華民國國立臺灣師範大學全國校友總會理事長　許勝雄

教育的力量在於提升人類生活與影響社會的發展，其核心價值在於「心」，當張國恩校長接掌師大後，許多人觀察的是他如何變革，等待的是他的績效，但我在意的卻是他的人格特質，與張國恩相識不算長久，但他寬厚的胸襟，幽默睿智的特質，令我印象深刻，這些年，母校確實在他的用心深耕之下，凝聚一股不容忽視的正面力量，用心的積極作為，牽動了師大的命運，精彩的師大已跳脫死板而傳統的樣貌。

國立臺灣師範大學是教育的殿堂，是藝術與文化的重鎮，更是全球華語文匯流之地，在這充滿使命與豐富色彩的校園中，張國恩首要能以無私的態度，包容的心胸，在師大既有體制下，量身打造一流團隊，高瞻遠矚網羅世界一流學術人才，創造一流舞台，讓校內菁英得以揮灑，協助這所跨越世紀的百年名校變得更有創意、更有競爭力，以及更有魅力。

我與張國恩的交集，源自於這些年與他同在教育場合上的接觸，每一次的見面，他總帶著笑容與自信面對我，他的言語圓融內卻帶有方正，跳躍的思維中帶有正確的步伐，他是優秀年輕學者、更是聰明的組織管理者，這麼多年，師大時時展現無限的可能，以及令人驚艷的成果，二〇一一年師大進入國內頂尖大學之列、二〇一二年師大聘任諾貝爾文學獎得主高行健，推出高行健山海經傳大劇、二〇一三年端出百億建設藍圖、二〇一四年師大進入全球四百大，二〇一五年台大系統誕生，二〇一六年ＱＳ全球教育進入第二十二名、運動科學世界排名第七，二〇一七年THE泰晤士世界排名教育類進入全球二十二名，每一年總有能讓我為母校感到驕傲的成績。

師大的改變有目共睹，天生具有領導者特質張國恩，在短短八年將變革的想法付諸實踐，在這所傳統的師範院校裡，他以創意者角色，大膽顛覆固有觀念，以多元思維，結合師大的元素，交錯融合出千變萬化的無限可能，他徹底顛覆師大冰冷的形象，拼貼出豐富的生命力與獨特風格，當今師大已創造出一種低調卻雍容的氣度。

幾度回到母校，我總在校園裡尋訪過去的記憶，感受當今的文化，我觀察師大無論如何變化，血液裡仍保有誠正勤樸校訓的堅持，在穿越當代的奢華中，也能以古典風華綻放國際，張國恩確實展現他領導統御的長才。成功的領導人的心中具有開創新局的使命感，張國恩這樣的性格，讓師大的發展充滿線條感與張力，我結識許多人，幸運的是能與我母校的校長張國恩成為至交好友，並且在相同的教育理念中激發更多創意，為母校做出些許貢獻。青春是瞬間的，但與師大的交會卻是永恆的，張國恩為師大創造的繽紛色彩，是值得細細品味。

目次

【第一部】張國恩校長自述

二十一世紀的高等教育——兼論翻轉教育思維

我認為：「在臺灣只要受過教育的人應該都被師大的畢業生教過，所以師大對社會有很大的貢獻，更肩負著對國家的重要使命。」

我對於高等教育的看法分為四大部分闡述：前言、高等教育的翻轉與挑戰、高等教育的重塑、結語（師大的願景）。

壹、前言

高等教育機構主要是透過兩種方式影響社會發展，第一個方式是「人力資本的養成」，使個體得以自我實現和提升，因此師大特別重視人力資本的養成，希望培養出來的學生將來對社會有一定的貢獻。第二個方式是「對真理的追求」，二十一新世紀的大學雖強調知識創造，但大學的本質仍是與宇宙精神相繫，要使更多人獲得啟蒙，進而引領文明的創新。對真理的追求會影響人才培育方式，所以大學應該教學與研究並重；而對學術的深入探究，也會改變教學的方式，傳遞的知識才會更為正確。

貳、高等教育的翻轉與挑戰

我認為現在的高等教育有以下的挑戰：一、教育思維翻轉；二、政府補助減少與大學商業化傾向；三、國際化與全球競爭；四、科技發展帶動世界變化迅速；第五、青年缺乏自主學習能力與素養。

一、教育思維翻轉

首先談教育思維的翻轉，大家都知道現在有所謂的「翻轉教學」，許多人認為利用電腦來教學就叫作翻轉教學，事實上並不盡然，科技只是工具，它並不是翻轉教育最重要的部分。早在20年前就有翻轉教育的概念，教育是一種寧靜的革命，他不會激烈的改變，而是逐步發展，翻轉教育的核心思維可歸納如下：

（一）以學生為中心之能力本位課程架構與教學設計；

（二）強調生涯輔導與職能探索之適性發展；

（三）配合未來趨勢與產業發展需求之跨域整合；

（四）未來教師角色改變後之學習鷹架扮演；

（五）科技帶來的創新教學模式。

第（五）項科技帶動創新教學的目的就是為了要實踐前面四項。以大學的通識課程設計為例，通識課程不是營養學分，它是有所目的的，所以我們要先了解通識課程要培養學生哪一方面的能力素養，再依據這個能力指標來開設課程，這就是以學生能力為本的課程設計，甚至本科的課程設計精神也是一樣。此外，我們必須強調學生生涯輔導與職能探索的適性發展，讓學生在興趣不合時有轉換的機會。在配合未來趨勢與產業發展需求之跨域整合方面，由於現在單一專長已經無法因應職場的需求，幾乎每一種職業都需要有兩個以上的專長，才不容易被取代，當老師也是一樣，現在都需要合科教學，所以未來的教育系統會因之做調整。另外，未來教師角色的改變，是為了培養學生動手做、自主學習的能力，學生要自己去體驗，而不只是老師用口述的方式告訴學生，所以老師的角色會慢慢地改變。這就如同蓋房子一樣，在蓋大樓之前，要先把鷹架架好，房子蓋穩之後，鷹架就要撤除。所以老師的角色如同鷹架，學生剛入門時要給予協助，當入門到一個階段後，老師的角色就開始要撤除了，要把學習的機會交還給學生，就是所謂「師父引進門，修行在個人」的理念。老師要扮演鷹架的功能，在適當的時間扮演知識鷹架，在適當的時機撤掉，就像博士生，如果還需要靠老師來找研究題目及研究方法，這博士生的能力是有問題的，因為他還沒有把做獨立研究的能力訓練出來。

透過科技，可以帶動教學模式的創新，可以突破在傳統教室無法執行的教學，大家在射擊館的「情境模擬」訓練，就是科技的應用，所以透過科技實踐，是情境模擬很重要的地方。但是任何的創新教學重要的是要有助於學生的學習，用電腦設計遊戲時就要注意到效果是否是有益的，避免遊戲化學習的後遺症。

二、政府補助減少與大學商業化傾向

臺灣的高等教育正面臨政府補助減少與大學商業化的傾向，在國家經濟成長率下降，政府的補助減少，高教品質要如何維持，是目前對高等教育影響比較大的現象。高齡化社會的到來以及低就業人口的結構性因素，在稅收不容易調高的現實條件下，政府被迫在教育領域緊縮花費。為維持高教品質，高等教育費用逐漸由政府轉移到高等教育的直接受益者；而高等教育機構更在市場化的潮流中，不得不與企業的關係日漸密切，形成大學商業化傾向。大學如何在辦學的基本理念及創造收入兩者之中取得平衡以及如何彰顯大學的教學功能，使更多的學生受惠，就成為高教機構必須直接面對的兩難困境。

臺灣的大學都是非營利機構，可是非營利機構還是需要商業管理及有績效，我認為大學不是企業，不追求利潤，所以不需要「企業管理化」；但是要「企業化管理」。企業追求的是效率，大學的目標是培養好的人才，能夠服務於社會，大學在經費、空間運用方面要有效率，而且要在最短的時間內讓學生成為人才，這就是「企業化管理」。如果是「企業管理化」就不一樣，它追求的是盈餘、利潤。以師大為例，政府提供的經費僅能支應教職員工百分之七十的薪資，百分之三十的薪資需要學校自籌，除了薪資外，還有其它費用（如圖書儀器各項雜費等），近年來，教育的成本一直增加，所以現在我們必須要思考，在政府補助減少及大學慢慢要導向非營利性的商業機制時，整個組織文化與管理機制都要調整。

三、國際化與全球競爭

我們的下一代，遇到的競爭對象會越來越多，他們的競爭對手不只在臺灣；世界越來越平，將來面對的挑戰已經不是本國人才的挑戰，而是全球性的挑戰。所以高等教育在國際化與全球競爭方面有兩項特徵：

（一）科技和網際網路的發展，加速了人才的跨國流動，大學之間的競爭更形激烈，強者恆強、弱者恆弱的趨勢亦漸趨顯著。

（二）二十一世紀國際競爭的焦點不僅是人才的競爭，也是全民素質的競爭。在國際關係日益緊密的今天，最重要的技能之一，就是要具有「在全球各地運作自如」的能力，不僅在於外語能力的掌握，更重要的是要了解不同文化的行為及思考模式。

麻省理工史隆學院前院長梭羅（Letet Thurow）指出，在國際關係日益緊密的今天，教育應賦予一個人重要的技能之一，就是具備「在全球各地運作自如」的能力，這項能力不僅在於外語能力的掌握，更重要的是，了解不同文化的行為及思考模式。其次，隨著科技和網際網路的發展，加速了人才的跨國流動，大學之間的競爭更形激烈，強者恆強、弱者恆弱的趨勢亦漸趨顯著。所以大學不能再固守傳統的授課模式，而是應更強調彈性與創新，成為學習經驗、步驟與環境的設計者。國際化與全球競爭、科技與網路人才的發展、人才的跨國流動、大學與大學間的人才競爭等，使得大學的國際化日趨重要。

大家常說國際排名不重要，但是很明顯的，大家都在比較，雖然排名結果無法代表學校整體的成就，但可作為學校自我診斷的工具，所以我常說「大學排名可注意但不可注重」。我們並不以追求大學排名為目標，而是利用排名發展學校的特色與增進國際交流的機會。臺灣師大的教育學科排名進入全球第二十二名，這對學校的國際化非常有幫助，不但使學校的知名度提升，也增加很多學校與國外許多知名大學交流的機會，所以學校特色的形成是有助於國際化的。但是國際化的目的是要讓學生有國際體驗的機會，讓學生具有在世界各國可以運作自如的能力；而把外國學生帶進來，則是要培養本國生的國際視野，讓外籍生與本地生融合在一起。我認為國際化有一個重要的觀念，不只是用學校的資源來國際化，而是要利用國際的人才及資源來幫助學校國際化，這也是師大積極與國外大學建立姊妹校、設立雙聯學制的目的。臺灣雖然是島國，但是如果我們以世界為舞臺，往海外發展，放眼世界，拓展視野，我們的機會是非常多的。

四、科技發展帶動世界變化迅速

哈佛大學教授李維（Frank Levy）和麻省理工學院教授莫南（Richard Murnane）研究過去五十年來美國工作的變化後指出，隨著電腦科技的發展，未來的工作不再是藍領與白領的區別，而是重複性工作和非重複性工作的區別。可以重複操作的工作、可以用程序解決的問題、用人工智慧取代的工作，很快就會被科技取代，因為知識更新太快，很難靠「一技之長」活一輩子。科技發展快速的社會需要能勝任複雜任務的勞動力與彈性，越有價值的工作機會，越需要適應力去處理許多變化多端的事。這代表人們必須具備橫向關鍵能力、問題解決能力、對專業領域的深層理解以及不斷學習的能力。

科技帶動世界變化，電腦的發展是很重要的里程碑，因為電腦的應用及人工智慧的發展，讓許多產業越來越成熟。知識更新太快，只有一技之長可能不夠用，非常多的職業需要具備專業知識以外的知識，例如團隊溝通、學習創新、企業精神等，所以跨領域學習是未來的趨勢。我舉一個有趣的例子，幾年前我專程去法國拜訪諾貝爾獎得主高行健先生，我覺得好奇的是，高先生得的是諾貝爾文學獎，他擅長的是小說戲劇，但他也是畫家，他不但畫得好，而且他的畫在國際市場上評價很高；此外，他的外語也好，喜歡法國文學，而他中學時最強的科目是數學與物理。這代表要在某個領域充分發展，必須要有許多其他基礎及背景去支持，高行健先生就是一位跨領域的典範。因此，大量的閱讀非常重要，從閱讀過程中，會找到有興趣的地方，把興趣一一找出來後，就可以進行跨領域學習，效果會更好，所以學校應該要提供學生有跨領域學習的機會。

五、青年缺乏自主學習能力與素養

現在的青年缺乏融入公民社會所需的自主學習能力與素養態度，隨著中國和印度的崛起，先進國家的勞動市場已經無法在低價競爭中拔得頭籌，所以歐美各國的經濟產業正朝向專業服務及高附加價值的製造領域發展。換句話說，知識經濟社會將產生知識和技能密集的高階職缺，而這些高階職缺會要求青年同時要具備專業知識能力、團隊合作能力、溝通能力、資訊能力、學習能力等。創新與企業精神源自於知能的培養和性格的模鑄（character formation），為面對新工作、新技能的挑戰，高等教育機構應該發展素養取向的自主學習系統。臺灣基礎教育養成一直是以知識面為本的模式，較不重視培養學生在能力面的學習環境，站在教育的角度，如何應用知識稱為meta knowledge，就是後設認知的觀念，所以如何培養學生應用知識，進而運用知識來培養未來就業的能力，更是高等教育機構重要的課題。

參、高等教育的重塑

高等教育的重塑包括四項重點：一、鼓勵跨域與統整學習以促進多元理解；二、增進全球移動力，發展國際化校園；三、運用數位科技於校務研究與教學活動；四、建立具多元價值與效率之校務經營文化。

一、鼓勵跨域與統整學習以促進多元理解

現今的社會問題日趨複雜，學術領域的界限逐漸消失，跨越學術領域的學習，有助於學生運用不同知識觀點來分析社會複雜的問題、拓展學習視野、增進批判思考能力、培養跨文化理解與溝通的技能、提升問題解決能力。為兼顧學生學習需求，培育學生專業及多元跨域能力，大學應該要以學校特色、學術發展趨勢及學生畢業就業需求，調整各系所專業領域課程與非專業領域課程比例。此外，大學必修課程的學分數應該減少，讓學生有較多的選修機會，以利其深度學習與主動求知，發展終身及自主學習的能力。大學更應關注專業和通識教育的平衡，教師應將通識教育廣泛融入專業課程，由全體教師肩負起通識教育的責任；或是鼓勵學生跨學院選修輔系、雙學位或學程，避免學生文理素養發展不均，成為單向度的專業人。

在師大我們以各項多元管道及彈性制度來鼓勵跨域及統整學習，包括：

- 開設國際、跨領域、領導與創業等學程
- 建立能力導向之共同課程及通識課程
- 總整課程之實施
- 與高中、大學、產學及國際聯盟之跨校合作。
- 推動專業課程通識化

・實施Y＋X學程計畫

・學制與學分彈性化

・建立天天有畫展、週週有音樂會及多元運動之全人教育學習環境。

首先學校把必修學分數與授課時數減少，留下更多時間來增加學生學習的機會，這就是鷹架的概念。大學通識課程（包含共同課程）有二十八個學分，專業課程有一百個學分，我們將兩部分都做調整，發展學生能力本位課程，調整大一的國文、英文及體育課。國文課要培養思辨能力，要會寫作，要言之有物，要會論證，用文筆去闡述；英文課強調溝通能力；體育課重在培養體適能，養成一輩子的運動習慣及有用的健康觀念。依據體育系的研究，如果一個人從小能培養好的體適能，可以減少個人可觀的健保費用支出，長照經費就可以下降。國民教育研究院許添明院長曾經做過一個研究，中小學教育全民素養的提升，可以再增加臺灣一個GDP。現在大家只重視菁英教育，但是當百分之二十的菁英要去拉著百分之八十的人，當拉不動時，國家就會停滯，所以我們要想辦法將百分之八十的人能力普遍提升。所以，雖然是學校共同必修課程，還是要以能力本位的理念來設計，每一個學分都很珍貴，不使任何一個學分因為課程設計不良而浪費。在專業課程部份，我們保留二十五個專業學分讓學生自由選修，並且規定各系不能要求學生全部的專業學分都在系裡選修，規定只能百分之七十五，所以學校開設了很多學程，希望能夠提供學生跨域學習的機會。師大也會把學生送到高職去學習技術課程，承認學分，例如汽車修護、商業知識、居家水電、園藝、APP程式編寫、攝影等，培養學生操作的能力，這樣的課程非常受學生歡迎。引進專業來幫助學校發展，所以，師大也能和各種不同類型的大學合作，開放跨校選課，這也是一種跨域學習。

發展能力本位課程、鼓勵創新教學與科技運用。師大設有教學發展中心，以問題導向的學習方法培養學生的能力。此外，在修課規定儘量鬆綁，降低學習阻礙，例如在學生申請轉系方面，除非學系的容量受限，否則不能限制學生轉系，也不能限制學生修課。將規定儘量鬆綁，就可以把學生的學習阻礙降至最低。

師大開設了許多有關國際化、跨領域、領導與創業等方面的學程，例如「世界足跡」學程，鼓勵同學儘量去開展國際經驗，學生只要到海外修課，學校完全承認學分，並且給予學程證書；到世界各國當志工的時數也可以累積，這就是一種「微學分」的概念。比較有趣的是領導學程，我們將參加社團活動規劃為與領導有關的課程，在社團原本實施的課程中再加上其他相關的課程而成為一個學程。各位可能想不到，這樣的學程主要的執行者是學務處的行政同仁，只要有碩士學位以上就可以授課，其實很多行政同仁具備豐富的相關知識及實務經驗，給他們機會輔導學生，教學相長。所以每一個處室都可以開學程，學務處開設領導學程、國際處開設國際足跡學程、研發處開設創業學程，以學校力量全力幫助學生發展。

總整課程的實施是學習國外大學的做法，國外有些大學的碩士班是不用寫論文的，而是透過總整課程的訓練來取得學位。例如如何經營一家行銷公司，碩士生不一定會，必須有投資、財務、廣告、電腦等不同領域的專家來共同培養未來經營行銷公司的人才。這種課程有一個很重要的目標，就是要運用以往所學科目培養的能力，在總整課程中做最後的整合。

關於跨校合作，師大與許多學校建立合作關係，例如由臺大、師大、臺科大共同籌組的「臺灣大學系統」，讓三校學生有更多跨校學習的機會。在制度彈性化方面，我們推動專業課程通識化，例如地球科學概論這科，因為每個人都需要了解我們所居住的地球，所以就應該要讓學生都有機會學習。我們把很多學系的大一必修課程轉換為通識課程性質，使這類課程同時具有「通識」及「必修」雙重角色，並開放給外系修課。

此外，實施「Y＋X」的學程計畫，例如大二國文課的目標是國文的基本素養Y加上X，而X則與不同的系所有關，可與物理、文學、英文等結合；又如我們教學生寫程式的運算思維是Y，而將其運用到不同學科中是X，這便是實施Y＋X計畫的目的。至於學制與學分的彈性化前面已有提及，師大有第三學期、學分學程、學位學程、跨域合作（與其他學校合開的學制），另外發揮學校的人文、藝術及體育等特色營造學校「天天有畫展，週週有音樂會與多元運動之全人學習環境」。

二、增進全球移動力，發展國際化校園

在增進全球移動力方面，我們除了延攬國際學者，更鼓勵每位學生在校期間至少有一次「世界足跡」的學習，透過學位雙聯制、交換學生、夏日學校、文化及語言學習及參與志工活動、國際競賽、國際研討會等、增加跨國學習的經驗。在發展國際化校園方面，我們強化境外招生，以招收百分之五十國際生為目標，開辦國際學位學程，向全球招生。強化外籍生之專業輔導、建立外籍生校友管理系統，加強與外籍校友之聯繫與合作。師大的僑生、外籍生及國語中心學員將近有八千位，來自約九十個國家，本地生與國際生有很多互動的機會，只要願意打開心胸，就能學到世界各國的語言及文化，所以年青人真的不要害怕，勇往直前，無形中就會增加很多學習機會。

建立由內而外、由外而內、從學生到老師、從行政到學術之全面國際交流與思維，運用國際資源來發展校園國際化環境。我們推動「一系所一標竿」計畫，並在系所的評鑑指標中規定每個系所都要從國外找到一所大學的相關科系做標竿，必須對接，讓每個系所自然而然地推動，使國際化成為每個系所的ＤＮＡ。我們向標竿學校學習，他們會樂於提供許多資訊及協助，能進一步簽署合作備忘錄及學生交換約，或是讓學生用最低的費用到他們學校去學習。除了一系所一標竿之外，我們進一步推動與世界百大城市中的名校交流計畫，並籌備網路化大學，透過網路向全球招收國際生。

大學要發揮特色及帶動學校國際化，要多運用媒體傳播來提高國際聲譽；網路的傳播效果無遠弗屆，在網路上傳訊息可能能用上二十年，若是英文訊息，更會有大量的參考引用者，所以網路及媒體對大學的行銷十分重要。

三、運用數位科技於校務研究與教學活動

運用數位科技在校務研究與教學活動方面有下列幾項重點：

・校務行政全面電腦化及行動化
・校務分析與統計工具之建立
・綠色機房與快速運算平台之建立
・校務研究辦公室之建置
・資訊融入教學與雲端測驗之推動
・教材數位化與教學數位平台之建置
・翻轉教室之設置
・網路大學辦公室之設置

資訊系統的整合可以協助各單位做決策分析，找出最佳的解決方案。例如師大把轉學制度鬆綁的原因，是因為我們從全臺灣的大學在學生、畢業生、畢業後一年到三年流向的調查中得知，全臺有百分之三十的大學生選擇的學校不是因為他們想讀，而是因為老師或家長，甚至是為了面子問題去讀這個學校。因此為了這百分之三十的學生，我們決定鬆綁，包括選課制度、轉系制度，希望這百分之三十的學生能在大學階段找到他所想要唸的學系，落實生涯輔導，這就是由大數據分析所得到的資訊。我們做了許多像這樣的數據分析，進而據以形成教育決策。

結合網路資源，擴大教學成效與社會影響力，透過教學改革，讓學生在思維上有所突破，把許多好的教學方式與課程融合，包含全面電腦化、校務分析、統計公式、建立校務研究辦公室、翻轉教室之建置等，透過模擬教室讓學生學習創新，以有助於將來至中小學教學實作。在師大的校務研究資料庫中有一份統計年

報，包含四十個報表，各單位皆可查詢，可進一步了解學生的課程滿意度及畢業後之就業率等資料。

測驗系統是師大的強項，師大的學生入學時都須接受所謂的「高關懷測驗」，若測驗結果顯示學生需要接受輔導，學校相關單位便會積極介入。每個系所都設有「專責導師」，關注學生是否需要提供協助。新生訓練為期四天三夜，會做一系列的測驗，包含高關懷測驗、能力測驗，包括問題解決能力、公民社會生涯發展等，如此眾多的測驗系統全部放在雲端，利用電腦處理可以做大數據分析。

四、建立具多元價值與效率之校務經營文化

（一）尊重多元之校園價值：包括學術獎勵、評鑑與升等多元化；

在校園文化推動方面，首先要讓師生尊重多元校園文化價值，臺灣一向「重理工輕人文」，誤以為理工思維即代表一切思維，舉例來說，以理工科的觀點及迷思，認為現在從網路上閱讀即可，不需要實體書本就不需要擴充圖書館，這就是缺乏多元價值的觀念，其實文學及藝術領域的師生不同，他們非常需要圖書館資源，理工科的可能不知道美術系的師生多麼重視畫冊，畫冊難以電腦化，電腦化會失真，因此培養多元學術價值理念非常重要。

因為尊重多元價值，所有的獎勵、評鑑與升等制度都是多元化的，不會只看論文表現，還考慮專書、畫展及音樂表演等；若運動表現頂尖，例如教師率領籃球隊比賽奪得冠軍，也可等同達到一項學術指標。師大的教師聘任制度相當嚴謹，需經過四級四審過程的篩選，不同領域會有不同的需求，學校都會尊重，好比理學院需要高科技的儀器設備，經費需求較高；而文學院需要環境之營造，針對不同需求，學校都會盡力予以滿足。學校有完善的體育館、古蹟音樂廳、美術館、科學館等，這都是為了滿足不同領域之需求。

大學是一個平臺，必須有使命、有願景，但要尊重每個領域不同的價值，這就是同理心的養成。現在臺灣社會有一個不好的現象，以前是「只要我喜歡，有什麼不可以」，起碼不干擾別人；但現在很多人是堅持「只要我不喜歡，你也不可以」，這就是沒有養成多元價值的思維，同理心的建立不夠。缺少同理心及尊重，彼此的容忍度不夠，這是臺灣教育非常大的問題。在學校常有些系主任跟我說，我這個系很重要，學校應該給多一點學生及教師的名額，我常回答：「請你證明給我看」，價值是要靠自己去證明的，要從學術表現去證明自己系所的價值，但重要的是要會彼此尊重，只要能證明得出來，大家就要懂得欣賞。

（二）自由自治之校園文化：包括辦理尊重文化與學校認同之新生輔導活動；專責導師制度與全方位輔導系統；社團經營與領導學程的結合；修改不合時宜的學則與法規。

為期四天三夜的新生輔導活動的目的是培養學生「尊重多元文化」與「學校認同」；「專責導師」制度是讓一般教師擔任生涯與學術的導師；至於生理、心理輔導則由專責導師負責，學校聘用了三十幾位專責導師，他們都受過專業輔導訓練，以充沛的人力全力投入學生的生活照顧及身心輔導。

師大崇尚自由自治的校園文化，給予學生非常大的自由，什麼都可以做，但要尊重他人，不能干擾別人。現在臺灣有自由而無自制，這是極大的問題。

學生常常會質疑及挑戰學校的一些規定存在的必要性，所以學校要經常檢討修訂一些不合時宜的學則與法規。我曾經跟學生會同學說，要不要把校規全部取消，以後學校不要用校規來規範學生了，學生乍聽之下很高興，覺得沒有校規很好，但我說沒有校規後，一切就要回歸法律，以刑法民法為依據，他們就拒絕了。這就說明了校規其實是在保護學生的，如果沒有校規，一切回歸法律，所有的行為都必須接受法律之處置，學生還是有所顧忌的。

（三）追求績效之校園經營：包括建立管考制度，並與考績結合；推行公平合理之績效制度；精簡會計與人事程序，以提升行政效率；實施目標與任務為導向之評鑑制度；校園建設與資產活化結合。

在追求校園經營績效方面，我們不是「企業管理化」，而要「企業化管理」；管考制度是產生績效的重要媒介，將人事考績與工作效率聯結，建置電腦化的管考系統，每月召集一次管考會議，校長與三位副校長一同查核進度追蹤，把五年的校務發展計畫內化到管考系統中，每年的進度與該年目標互相比對。師大以往行政人員的績效制度是各單位皆有百分之七十五甲等，百分之二十五乙等，現在調整為僅百分之六十甲等，而百分之十五由學校管控做團體績效考量，納入平衡計分卡。如果教務處的團體績效好，可能百分之百的同仁績效都是甲等；若團體績效不好，可能只有百分之六十列甲等。按照工作績效反映在考績，並納入平衡計分卡之觀念，而且全部以電腦化處理，所以連主管都無法更動。

系所評鑑制度是以目標及任務為導向，在乎的是形成性評鑑，而非總結性評鑑，譬如系所國際化「一系所一標竿」指標的評鑑方法為比較5年後與標竿學校之差距，從中找出應改善之處，於列出改善項目後再回頭列管追蹤改善情形。

校園建設與資產活化方面也是師大的特色，因為校本部位於市中心精華區，拆掉任何一面圍牆皆可規劃讓廠商進駐，讓那些店家成為學校的圍牆，不但可美化校園，又可以有收入，而且天天有人在，增加校園安全性，反而為學校帶來好處。所以有一年師大的資產活化成果是全臺第二名，僅次於桃園機場。學校對於每個進駐的店家都有一套標準規定，必須是符合年輕人需求且有文化創意，藉此培養師生文創思維，型塑校園文化特色。

肆、結語（臺灣師大的願景）

師大的願景是「跨域整合‧為師為範之綜合型大學」，我們期許培養出人文與科學兼具之領導人才、深化具社會影響力之學術研究、打造學校成為全球頂尖之教育重鎮、建立華語及僑教研究重點之國際化大學、建構學校成為藝術體育健康領域之創新基地。

＊本文由張國恩校長於警察大學演講「二十一世紀的高等教育——兼論翻轉教育思維」之內容改寫。

【第二部】張國恩校長與師大

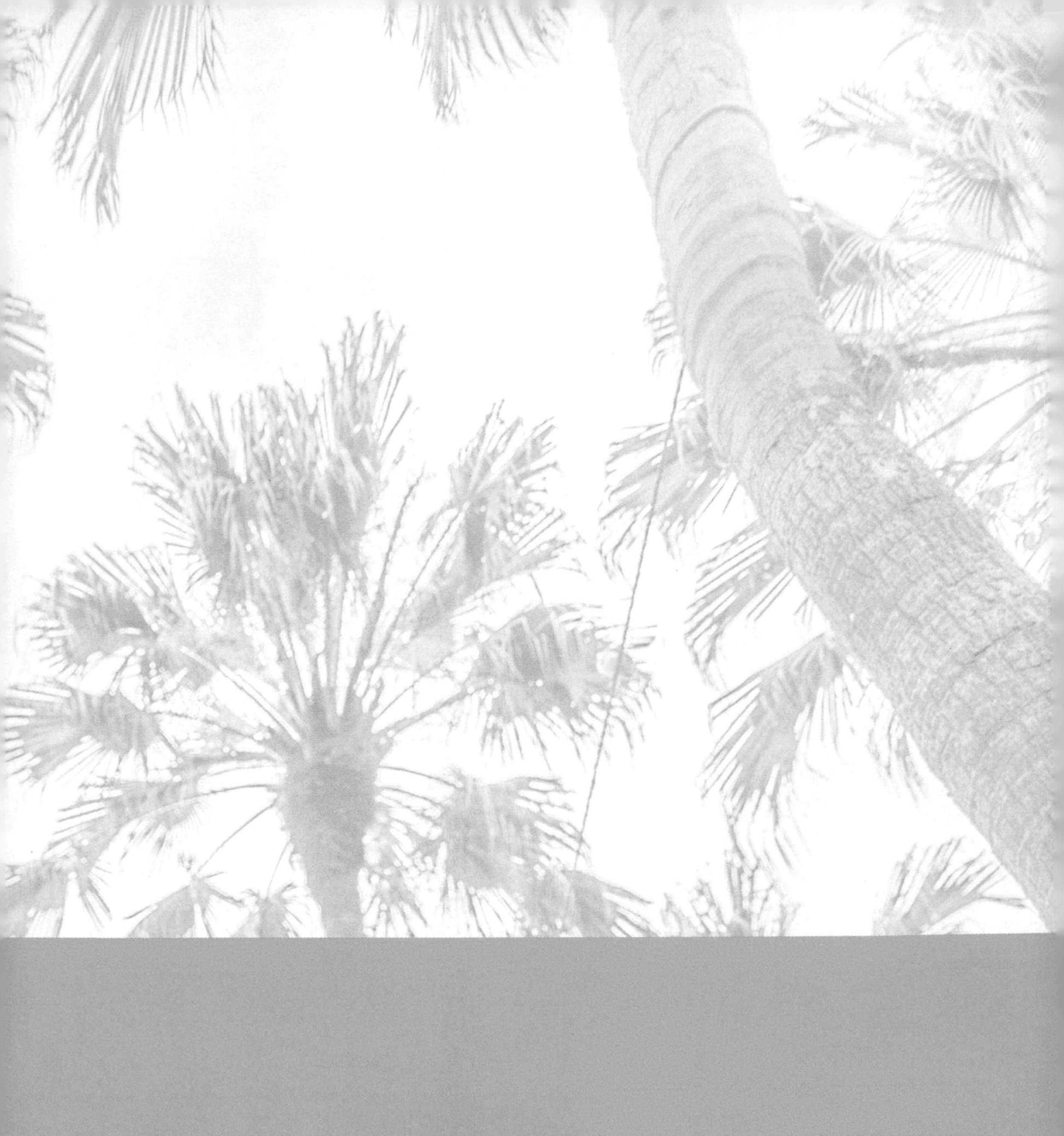

從小漁村邁向頂尖大學之路

Chapter 1

志大無外

張國恩校長幼兒時期，左為極為呵護他的媽媽。

十五歲以前，張國恩的世界既渺小又遠大。出生於基隆「三沙灣」的小漁村，鎮日在大自然環境中跑跳；走出漁村，面對的是浩瀚無垠大海，海灘是他童年的運動場，每天到海邊戲水，很自然地無師自通，學會游泳的本事。

像學會游泳的本事一樣，張國恩讀書的本領，不少是自己摸索出來的。父親是討海人，母親小學只讀了一年多，這個漁村長大的男生，壓根兒從沒想過，日後會成為頂尖大學的校長。

大時代的小插曲　父親成為討海人

三沙灣成為張國恩的誕生地，可說是大時代的一個小插曲。祖父在福建經營兩岸商品交易，民國三十五年，張國恩的爸爸搭乘家族經營的貨輪，想在基隆上岸玩幾天，等下一班貨輪從福建抵達基隆時，便返回福建老家。

萬萬沒想到，海峽局勢已動盪，家族的貨輪一去不復返。張國恩的父親被迫留在基隆，原本只是一趟旅行，卻演變成移居臺灣，跟家鄉的親人也失去聯絡。張父在大陸讀警察學校，準備當人民保母，但在基隆港上岸時，身上只帶著簡單的行李，畢業證書等證明文件都留在大陸，沒任何證明文件，當不成警察，只好改當漁夫謀生活。

那個年代的討海人，幾乎沒有「讀書人」，張國恩的父親是個知識份子，改行跑船，很快就當上船長，後來娶了基隆的女子為妻，生了六個兒女，從此在基隆三沙灣安身落戶。

張國恩的記憶裡，小時候家裡有吃不完的海鮮，小康之家，童年的生活算是無憂無慮，可以說是「傻傻地長大」，記憶裡，海邊就是他的遊樂場，「童年幾乎都在玩」。

三沙灣啟蒙教育　媽媽教注音符號

張國恩的雙親就跟傳統的臺灣父母一樣，只要孩子能讀書，就盡量讓他讀。但是爸爸跑船一趟就是個把月，經常不在家，而媽媽不過上過一年多的小學，國字沒認得幾個。張國恩是家中的長子，上小學時，媽媽總是陪伴他，認真地教他ㄅㄆㄇㄈ。

當上臺灣師範大學校長，回憶起這段童年往事，張國恩忍不住笑說，「媽媽自己亂教，教得我發音都不太標準。」其實，張國恩這些年來說著不太標準的國語時，慈母教ㄅㄆㄇㄈ的身影，在腦海中盤旋不去。

學會ㄅㄆㄇ，拿到開啟知識寶庫的鑰匙後，媽媽也沒法子繼續教他，往後讀書的日子，「自己的書自己讀」。張國恩高中考上基隆的高中時，舅媽叫他不要留在基隆讀書，建議他到臺北看看世面。但是，放棄中學的入學資格，想到臺北市讀高中，必須重考。於是，很會念書的張國恩，卻因此當了「國四生」。

十五歲隻身到臺北求學　理光頭讀國四班

十五歲的少年張國恩，隻身一個人到臺北讀國四班，理光頭、軍事化管理，在補習班待了一年，卻也磨出了獨立生活的能力。他同時報考北區高中聯招以及五專聯招，雙雙金榜題名，順利考上心目中的明星高中和臺北工專（臺北科技大學的前身）電機科。因為考量到「畢業即就業」，張國恩決定讀五專，選擇到臺北工專電機科報到。那個年代，家長不太干預孩子的升學選擇；如果時空搬移到此時此刻，應該很少人會放棄念明星高中，改去讀五專。

「畢業即就業」的思維，讓張國恩走上技職之路，當年他從未預料到，這成為他日後朝跨領域發展的起步。

國中階段數理功課非常好，張國恩到臺北工專電機科讀一年級，打開化學教科書，他嚇了一大跳，竟然是英文原文書，和大學教科書沒什麼兩樣。五專一年級等於是高中一年級，竟然就要讀原文書學化學，他當然讀不來。

或許是漁村長大的孩子，有一股純樸的傻勁，他一手拿化學教科書，一手翻英文字典，那本化學教科書的前三章，他幾乎都在查字典、背單字，把化學當英文苦讀。

專一開始讀原文教科書　像海綿般吸收知識

查遍化學原文教科書三章的單字後，好像一路披荊斬棘，意外地打開了張國恩通往英文閱讀的路，後來也養成讀原文書的習慣，可以吸收第一手的知識。苦讀的過程，讓他對工程產生興趣；原文書結合了理論和實務，他愈看愈有趣，讀著、讀著，到專三時，他覺得整個人突然開竅了。

張國恩的閱讀習慣是在工專時期培養起來的，專三開始探尋人生價值，總想找答案，就找書來看，一開始挑自己喜歡讀的，好奇心越讀越大，天文、物理、歷史、佛經……，什麼書都想讀。有了大量閱讀的訓練，理解能力也越來越高，並漸漸形成自己的想法與主張。

然而，他卻發現，最後找到的不是答案，而是人生體驗；而人生的意義不在找到答案，而是「認真地過每一天」，這才是最重要的答案。

在臺北工專五年求學生涯中，張國恩不僅提升英語能力，還學會如何操作車床，也爬過電線桿、跟變壓器為伍。出身技職，領航頂大，張國恩日後在臺師大推動「技職通識課程」，有別於一般大學的視野，這與他臺北工專時期深耕技職的經歷有關。

先工作再升學　一門課讀兩校教科書

五專畢業後，張國恩選擇先去當兵再就業，一方面考量家中經濟因素，另一方面，內心激盪著對學術的渴望，以報考國立臺灣工業技術學院（臺灣科技大學的前身）為目標。然而，當時工業技術學院需要有一年工作經驗才能報考，不像現在高職升科大，幾乎都是像搭「直達車」一般，不講究實務經驗，直接就升學。

張國恩五專畢業就考上預官，在陸戰隊當少校通訊官，還兼任訓練官、作戰官和情報官。他還記得畫情報圖時，都是靠自己看書摸索，也能畫出專業水平，因此備受長官讚賞，這個經歷也讓他體認到，自學、終身學習的重要。

在知識探索、整理、消化的過程中，張國恩養成自己整理知識的習慣，從而擁有擅長把抽象概念轉化為圖形表達的能力，這個能力讓他日後的教書生涯，很受學生歡迎。

陸戰隊退伍後，張國恩到一家電子公司上班，先做生產線的工程師，後來轉為設計工程師。工作壓力非常的大，每天睡覺時間很短。他發現，五專念電機幾乎都是硬體有關的知識和技能，但產業發展已涉及到電腦，必須跟軟體結合在一起，這讓他意識到自己學有不足。就一邊工作一邊準備考試，順利考上了臺灣工業技術學院，花了兩年時間取得一張大學文憑。

考上臺灣工業技術學院電子工程系，張國恩仍維持自修的習慣，除了系上老師開的教科書，他也好奇只有一條馬路之隔的臺灣大學，同一門課會使用什麼教科書？他把兩校同一門課使用的教科書都買來讀，教授開的參考書單，他都會買齊，教科書的作業每一題都認真的做。

他開始像海棉一樣地吸收知識，老師講完課，他也看完一本教科書的進度，回到宿舍再看臺大用的另一本教科書，比較兩者的差異。經此訓練，讓張國恩培養了比較的能力，以及敏銳的觀察力，也學會了表達方法；他發現，同一件事用不同的方式表達、詮釋，就有了創新創意的角度，不僅發表的論文容易被接受，也會用不同角度看問題，「別人看到危機，我會看到轉機。」

張國恩校長中學時期的青澀模樣

用功的學生也會翹課　當校長更有同理心

「我常翹課！」當這句話從認真讀書的張國恩之口冒出來，著實令人難以置信。他說，「有些老師課教得確實不太好，或表達能力不好，或是不認真教書……」，這些原因，讓張國恩不想待在教室浪費時間，但他翹課時，並不是到處閒晃或睡覺，還是很認真地待在宿舍K書。

正因為自己在學生時代也會翹課，張國恩當了大學校長後，會用同理心去看待學生翹課的問題。他認為，老師教得好，學生會捨不得蹺課，「好老師太重要了！」如何為學生聘到好老師，是他念茲在茲的事，也促成日後臺師大領先各大學，率先推出教師聘任「四級四審制」的措施，確保新聘教師是各領域的翹楚。

臺灣工業技術學院兩年的學業，張國恩靠半工半讀完成。他在一家儀器貿易公司上班，月薪和加班費，每個月收入領新臺幣一萬兩千元，已經能夠自立更生，不用跟家裡拿錢。拿到學士學位後，他考上臺灣大學電機工程研究所，只用了五年半的時間，拿到碩士和博士學位。

從電機跨到教育　師範大學我來了

讀臺大電機研究時，張國恩專攻「電腦輔助設計」，用計算機的專業來幫助、解決電路設計，除了需要懂電路設計的細節，也要懂計算機演算法的發展，等於整合了電機領域裡面兩個次領域。有了這種跨領域的經驗，讓他後來到臺灣師範大學服務，面臨資訊和教育的整合及挑戰時，並不覺得困難。

他取得碩士學位後，一邊讀博士班，一邊在新埔工專當講師。翌年、民國七十六年，師大剛成立資訊教育系，需要電腦硬體教師，張國恩前往應徵，因為當時師大缺乏資訊硬體工程人才，還是博士生的張國恩，順利被師大延攬。

資訊教育系主要是培育高中職的資訊老師。張國恩到師大後，發現教育也是一門專業，他卻沒學過。他開始嘗試做電腦輔助教學研究，決定自行進修教育這門學問，開始大量閱讀教育領域書籍，包括認知心理學、教育理論、教育統計學、教育研究法等等，足足花了四年時間建立教育知識素養，這個過程就好像讀了一個教育博士。他的研究領域也從純電機，慢慢轉換到如何把資訊運用到教育方面，成為真正的跨領域學者。

民國七十九年，二十八歲的張國恩拿到博士學位，這位非師大出身、有硬體工程專長的年輕學者，被校長賦與重任，擔任電算中心主任，也是當年最年輕的主任。從那一天起，張國恩沒有一天不想著一事：「要對師大作出貢獻，以報知遇之恩」。

一流大學一流人才

Chapter 2
臺師大國際化藍海策略

台大系統聯手推動新南向的合作

一個臺灣年輕人赴日打工度假，取得日文檢定次高級N2，被安排在飯店櫃臺工作，才做了十天，就抱怨這份工作一直站在櫃檯，站久腰很痛，主管態度很凶，讓人壓力很大，工作內容無法讓他的日語能力有所進步，因此決定離開。而且沒跟飯店說一聲就不告而別，還理直氣壯說那十天工作的薪水「認賠」。此事讓日本雇主氣得決定永不錄用臺灣人。

這個新聞讓張國恩感慨萬分，提升年輕人的國際移動力，是臺灣高教的使命之一，不禁要問：「國際移動力只是語文程度不錯，有出國經驗就好？」答案當然是否定的。張國恩認為，近年時興年輕人出國打工度假，因為一個臺灣年輕人的工作態度不好，讓外國雇主因此對臺灣人的整體印象打壞分數，甚至牽累到以後年輕人的機會，這是個很嚴重的問題。

「臺灣人口只有兩千三百萬多人，不論從世界人口排名，人口少到國際社會可以不把你放在眼裡；從人才占人口比率的角度。不是非要用臺灣人不可，除非兩千三百萬人都是人才，否則人家可以完全把你忽略掉。」在張國恩的教育理念裡，「人才精英化」、「全民素質提升」至關重要。

師大全國校友總會理事長許勝雄（左三）與張國恩校長（右二）共同赴馬來西亞參加校友會活動。

新南向政策　應為臺灣年輕人拓展就業市場

蔡英文總統上任後，致力推動「新南向政策」，各大學無不卯起勁到東南亞國家招生。二〇一六年十一月，臺灣大學、臺灣師範大學、臺灣科技大學、雲林科技大學、虎尾科技大學等五所頂尖大學及典範科大首創成立聯合單獨招生平臺，五位校長赴馬來西亞吉隆坡展開三場聯合招生活動。

臺師大在招收僑生向來在國立大學中屬於領先群，而且獨占一個利基點，那就是臺師大僑生先修部（原國立僑生大學先修班），是國內唯一辦理僑生大學先修教育的學府，僑生先修部的學生畢業後，很多會選擇留在臺師大讀大學。因此，當蔡英文政府提出「新南向政策」時，張國恩開始擘畫臺師大的「新南向藍圖」。

「大學推動新南向政策，到東南亞招生是重要的，但不是最重要。」張國恩分析說，如果只重視招生，臺灣又會落入「大國」的思維，我們常用美國心態看事情，美國把教育財當商業來看，規模大到可以向全世界招生攬才。

如果東南亞和東協國家的學生來臺灣念完書，又回到他們的母國，這對臺灣現階段有什麼好處？臺灣要先考慮自己人才出路，更重要的是，如何讓臺灣的年輕人能夠搭上新南向列車，將國際利動力延伸到東南亞國際市場的人力布局，簡而言之，首要任務就是拓展臺灣年輕人的南向就業市場。

臺師大國際化思維　培養國際移動力人才

臺師大的外籍生來自約九十個國家，不可能只鎖定東南亞為國際主力招生市場，國際化的思維，更應先從培養臺灣具有國際移動力人才為出發點。張國恩另有更高度的籌劃。

臺師大不僅南向招生，還進一步南向招教授。對象是出身東南亞，並到歐美一流學府拿到博士，「只要夠優秀，名額沒限制！」張國恩豪氣地說，臺灣的教授薪資水準，對他們有吸引力，用他們來訓練我們的學生，臺灣學生才能真正了解東南亞的社會文化、產業發展，將來進軍到東南亞的就業市場甚至創業，才能盡速進入狀況。

招收國際生人數多寡，一直被列為評鑑大學是否國際化的指標之一。張國恩認為，國際化重點不是僅有招收多少國際生，而是還要讓我們臺灣學生真正具有國際移動力。

他更不諱言批評，「教育部很多政策，是為了國際化而國際化。」為了解決少子化問題，或為追求國際化之形式，臺灣的大學對外國學生的程度要求沒有本國學生高，這對本國生而言也不竟然公平。如果大學的新南向政策也只重視招收國際生的多寡，「這又只是國際化的一種形式主義」。

談到少子化問題，不能只用增加國際生的手段來解決，而還是要回歸教育本質，提升全民素養的方式。習慣逆向思考，視危機為轉機的張國恩，則看到如何用「少子化問題」的危機來觸發「教育改革」的轉機。他進一步解釋說，如果我們以往的教育可以將全民素質培養為平均值是一，但未來改革後的教育，若能將全民素質提高平均值到一・二或一・三，則我們就如同增加二至三成的人力，這樣就有利於我們的經濟發展。

師大與賓州州立大學共同成立跨國研究

張國恩認為，現今十二年國教的發展一定要去除意識形態的干擾，真正回歸教育初衷，發展以能力為本的教學，方能提升全民素養，培養出未來所需要的人才。政府可以聘請經濟專家來解決短期的經濟問題，但要設計好的教育架構來克服長期經濟發展所面臨的挑戰。

先利他後互惠

臺師大國際化的做法秉持三個思維，分別是先利他後互惠、先特色後全面、先學習後友誼。先利他後互惠指的是先讓我們欲交往的大學從我們得到好處，並取得信任後，我們才能從友校得到實質的協助。

例如我們先提供交換生名額給友校，讓友校的學生先來了解我們，透過這些交換生介紹，友校就會了解我們學校的優點與學生的高素質，如此友校就會考慮給我們學校交換生名額，讓我們學生有更多出國學習的機會。

同樣的，我們也先派華語文老師到友校建立華語文課程，然後再邀請友校的語文老師到本校來建立語言課程。目前師大的韓語、日語和俄語的學程都是交換老師而完成的，所以走在臺師大校園，就可以看到來自韓國、日本與俄羅斯的語言老師。

先特色後全面

另外要和國際知名大學交流，學校自己要先有一些國際知名或領先的特色領域，而讓國際知名大學認同我們學校也是國際知名大學，如此就可以在對等的情況下發展出校與校全面性的交流合作。例如師大在教育、華語文、體育、與藝術等領域在國際上皆具知名度，在國際學科排名上也領先，因此我們充分利用這些領域優勢啟動與國際知名大學的交流。

師大國語教學中心的外籍校友遍布全球，具有很高的國際知名度，培養出非常多會講中文的國際漢學家、外交家或政治領袖，如日本前首相橋本龍太郎、澳洲前總理陸克文等，所以我們就利用國語中心的品牌吸收非常多的國際生，並保證在校園內的外國學生都會講中文，也形塑師大「以華語文為國際語言」的特殊校園文化。

另外早期師大培養非常多在海外中小學擔任教師的僑生，再加上僑生先修部的多年經營，讓師大在東南亞有非常好的據點，利用早已建立好的僑教特色，讓師大又形成一種本地生、外籍生與僑生共同學習與生活的獨特多元校園。

先學習後友誼

先學習後友誼的思維是讓學校各單位都建立學習標竿，行政單位各處室都找到值得學習的國際標竿大學，並組成團隊訪問該校的相關單位，從中學習一些作法，做為學校未來改革與創新，同時也邀請標竿團隊到臺師大參訪，彼此學習。經由多年的相互學習交流，漸受到尊重而建立友誼，如此就會建立深厚而實質的關係。

從行政單位開始，發展到學術單位，各系所皆需尋找國際知名大學的學術單位做為標竿，並將學習的進步情形做為下次系所評鑑的參考指標。因為先學習而獲得標竿學校的友誼，讓臺師大行政單位與學術單位皆能深入的做國際交流，已形成師大各單位的ＤＮＡ了。

一流大學聘一流老師　教出一流學生

張國恩求才若渴。他深信，一流的大學，聘一流的老師；一流的教師，教出一流的學生，因為格局不一樣。像是鋼琴家嚴俊傑，三十歲就獲臺師大聘任為助理教授，是新聘教授中最年輕的老師。

嚴俊傑是當今臺灣最具知名度的青壯鋼琴家，他十三歲起獲柴可夫斯基青少年大賽第三名後，就活躍於國際樂壇，合作過的樂團與指揮無數。之後並進入德國頂尖學府漢諾威音樂學院與美國寇爾本音樂院深造完成學位，常年致力於演出與教學。

他的音樂生涯屢創臺灣鋼琴界紀錄，除了在臺灣首演柴可夫斯基第二號鋼琴協奏曲，在上海世博與電影人張艾嘉跨界演出，二〇一六年更於國家演奏廳演出「一日三響」音樂會，一天內演奏貝多芬、蕭邦、拉赫曼尼諾夫三場獨奏會，並與國家交響樂團（ＮＳＯ）合作世界首錄發行陳其鋼的「二黃鋼琴協奏曲」。

他除了演奏成績亮眼外，教學成績更是斐然，他指導的學生獲得國際青少年最知名大賽：德國Ettlingen國際鋼琴青少年大賽第二名，並有多位學生已進入國際知名音樂學院就讀，對彰顯兩岸三地華人鋼琴演奏事業極具指標。

二〇一七年二月十二至十九日，臺灣鋼琴史上師資最強大的「第一屆臺師大國際翡洛嘉鋼琴藝術節」在國立臺灣師範大學與臺北國家演奏廳隆重登場。該鋼琴音樂節由大師藝術主辦，國立臺灣師範大學及財團法人臺北愛樂文教基金會共同主辦。音樂節的靈魂人物就是嚴俊傑，他同時也是非營利演藝團體「大師藝術」的執行長。

二〇一六年十月二十七日的記者發布會上，張國恩攜手「大師藝術」執行長嚴俊傑、行政總監林英如、師大音樂學院院長楊艾琳、系主任陳沁紅、教授許瀞心等人一同出席。張國恩致辭時表示，以國際音樂節與世界一流音樂院校接軌國際，是一大喜事，這是第一次將臺灣音樂教育層次提升至國際，為下一代人才培育有劃時代的貢獻。

獨創「四級制」 延攬優質師資

地球科學系助理教授謝奈特，來自加拿大，原是中央研究院助理研究員，有臺師大老師向張國恩提出推薦，認為他潛力非常高。

臺師大舉辦國際翡洛嘉鋼琴藝術節

上 蔡今中及其研究團隊在全球教育論文的影響力排名第一。
下 張國恩校長延攬國際級學者謝奈特至師大任教

謝奈特一到臺師大，張國恩就大手筆給了六、七百萬元研究設備費，他帶領臺師大地科系團隊深入印度及喀什米爾採集岩漿事件樣本後，首次發現，冰河的退卻與溶解，也能劈開大陸地殼，此研究成果登上國際領先科學周刊《自然》下的《科學報告》，此一重大發現不僅推翻教科書內容，也解開了遠古時期全球氣候變遷與板塊運動之間的關聯性，可能改寫地球科學史。

沒多久，謝奈特就拿到加拿大礦物學會青年科學家獎、科技部傑出研究獎及中央研究院年輕學者研究著作獎。他只在碩博班開課，用英語教學。

臺師大生命科學系主任鄭劍廷也是張國恩從臺大醫院挖角過來的，他研究成果豐碩，在國際期刊發表很多論文，也很重視實作，一年就幫學校拿到一千萬元的技轉金，這在臺師大是非常大的一筆技轉金。

另外在教育領域上也聘請全球教育論文影響力排名第一的蔡今中與其研究團隊，並籌劃全球唯一之學習科學學院，也因此讓台師大的教師在全球教育論文排名前二十名中占據五名，是全球比例最高

生命科學系主任鄭劍廷是張國恩從臺大醫院挖角過來的，研究成果豐碩。

的大學。

「我們是用人唯才，只要是人才，我們都禮聘。」在少子化，各校緊縮師資之際，臺師大為何能逆向操作，聘到優質師資，而且整體師資結構更為年輕化？張國恩透露了這個很多學校學不到的密訣是教師聘任「四級制」，一般大學新聘教師是三級三審，系所教評會是第一關，院校評會第二關，校教評會第三關。張國恩增加校長這一關，而且是第一關。

臺師大有個特色，老師退休後留下員額，自動歸戶到校長總體調配，但這絕不是校長一人攬權。依據《大學法》規定，大學的人事及經費，校長有絕對權力。各系要員額可以，必須拿好的人才來跟張國恩申請員額。他在臺師大營造一個觀念——各系所只要找到好的人才，他都願意聘。

「四級制」在其他學校很難效法，主要是因為各大學師資員額都固定分給各系所，要靠系所自律，有些大學系所自律不好，會搞裙帶關係。然而，臺師大要推動「四級制」，等於經費和員額抓在校長手中，校長自己要先做到「大公無私」才

師大近年積極與產業合作，技轉之產品海洋深層水再捐助本校運動代表隊

行，他自己從不推薦任何師資，才過得了第一關。

例如，物理系找到一個好的師資，向張國恩申請員額。他找了校內外領域專家來審查這個人，條件夠好就給員額，但不只僅給一個員額。張國恩會鼓勵物理系再以此人的標準去廣邀人才，只要跟他一樣好，或者比他好，統統都聘。

張國恩進一步把它制度化，好的老師影響很大，臺師大建立教學、研究、服務三面向並重的評鑑制度，每一面向皆訂「低標」，老師在各面向皆需達標才算評鑑通過，打破以往三面向計算總點數的形式化評鑑方式，若有些教授習慣過輕鬆生活，發現自己任一面向無法達標，就自動申請退休。

由於臺師大是學術與創作並重的大學，評鑑制度也非常多元，除考量學術著作做為研究成果外，藝術表演、美術創作、運動競技的成果皆也等同學術成就，這讓各領域的老師能發揮所長。

近年臺師大專任教師人數維持在九百多人左右，但是，張國恩就任校長後，已新聘了三百五十多名教師！這個數字有多驚人？國內有多所國立大學的專任教師也才不過是三百多人，等同新聘了一所國立大學的全部老師。這樣做的最大影響是，促進師資的新陳代謝、年輕化，成效則是新聘老師獲獎連連。

頂大往工研院化發展，很危險！

張國恩認為，臺灣既是國際社會的一份子，就要站在國際角度看大學經營。但目前很大困境是，大學太單一化，缺乏特色，所追求的價值也太單一化，除了學術好像其他不重要，即使是學術也只看論文。

另外，大學變成「研究單位化」，政府為了做產學合作政績，讓大學老師變研究人員，張國恩說，「這是不對的，大學不只是研究，還負有教學與輔導功能。」

張國恩常思考，國外大學為何有大師？大師愈多，能帶動學校愈好，但臺灣這方面真的很缺少。「你的格局不高，所以大學變成像工業技術研究院這種單位，這是不對的，尤其是頂大往這方面發展，很危險！」

教育部第一期頂尖大學計畫，重理工輕人文，臺師大沒爭取到，因為臺師大提出的教育特色，在很多學者的眼裡根本不是頂尖研究，而予以否決，這完全是用偏差角度在考量邁向頂尖大學計畫，最後只有理工領域為重的大學才能屬於頂尖大學。

國際聲望國內大學第四大　僅次於臺成清

他不平的說，臺師大這幾年國際排名很好，卻不是靠論文數，QS排名指標中，臺師大因為如藝術、運動競技與僑生先修部等非論文取向的系所關係，平均論文數的分數，跟國內其他大學相比分數差很多。

臺師大靠的是國際化聲望拿分數，其中在國際化指標排全臺第一，國際學術聲望在國內大學排名第四，僅次於臺大、清大、成大。這是因為臺師大多年來發展國際化，而且很多校友在國外表現傑出，讓世界上很多大學都認識到臺師大，而且也知道臺師大的某些學科領域相當有特色，否則聲望排名不可能這麼前面。

臺師大也是國內首批推動自我評鑑的大學，與其他大學重視總結性評鑑不同，張國恩更重視的是形成式評鑑，他力倡「一系所一標竿」，成為評鑑指標，全校各系都在推，連學校行政也在做標竿學習。

他要求各系去找一個國際優質大學相同領域的標竿學習對象，不能找高不可及的對象，而是五年內可達成的目標。當然推行「一系所一標竿」，校長自己也要以身作則，臺師大行政體系就以賓州州立大學為標竿。同時也推動各單位要「一系所一國際合作案」，這幾年來的推動已讓學校各同仁走出校園，邁向國際，並內化成為工作的一部分。

另外，張國恩也從學校層級的高度進行「百大城市」交流計畫，以經濟規模的角度選出百大城市，在每個城市中找一所實質合作的大學，目前已與六、七十個城市有實質合作交流，不僅教授、系所主管走出去，學生也到百大城市的大學當交換生或修雙聯學位。

臺師大目前已與約三百五十所全球各地高等教育機構締結姊妹校，包括加拿大英屬哥倫比亞大學、美國哥倫比亞大學、賓州大學、加州大學洛杉磯分校、約翰霍普金斯大學、英國倫敦大學、澳洲國立大學、紐西蘭奧塔古大學、日本大阪大學等，遍及歐、美、亞及大洋洲等四十國，積極推動學術交流。

與國際大學的交往，由「加法」昇華到「減法」。張國恩說，「我們自動取消四十間國外姊妹校，主要是因為沒有實質合作；我們交朋友，也要讓我們的朋友有尊嚴，如今國際大學與臺師大建立姊妹校的都是名校。」

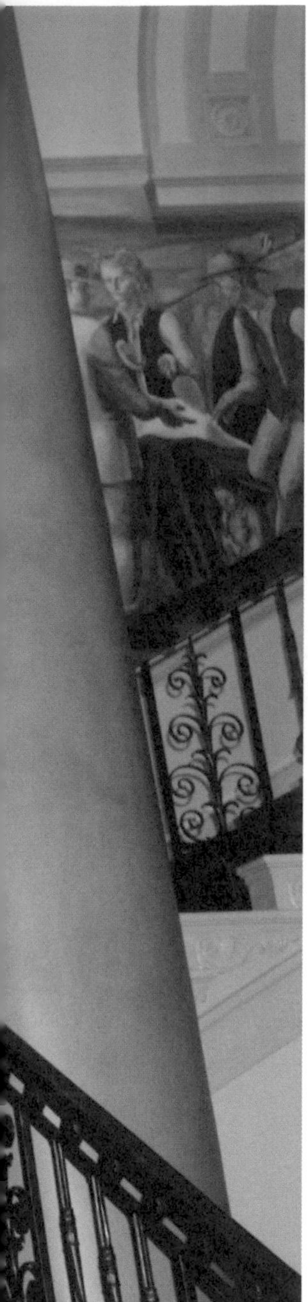

張國恩校長帶隊前往美國賓州州立大學進行學術交流。

大學實質合作楷模

Chapter 3
臺灣大學系統

二○一四年九月份，新學期開學，一位大二學生認真和同學討論，但明明是臺灣大學的教室，怎會有臺灣師範大學、臺灣科技大學等外校學生上課？其實早在大一時，她們就聽說能跨校選課，但真正申請的人寥寥可數，除了手續繁複，還得另繳學分費。

為了不淪為空談，讓學生真正受惠，臺師大和臺大、臺科大從簽意向書、結盟談合作，到組成「國立臺灣大學系統」，只花了一年多時間，最大考量就是「學生的學習」，張國恩說，「師大學生跨校到臺大修課，為了顧全面子，能不用功嗎？有刺激，才會有進步。」

除了跨校修課抵學分，學生們還能共享圖書館，校園無線網路等資源，未來可望一張學生證在手，通行三所大學無阻。

提高學生競爭力絕對是大學聯盟唯一目的，其實以學校規模來看，就連臺灣第一的臺大和國際頂尖大學一比，規模實在小太多，同為頂尖大學、地緣距離相近的臺大、臺師大、臺科大攜手合作，讓師生受益、同享三校資源。

只是這項計畫和二○一一年已經運作的臺灣綜合大學系統（成功大學、中山大學、中正大學、中興大學），甚至是二○○八年就組成的臺灣聯合大學系統（中央大學、交通大學、清華大學、陽明大學），可說是落後一截，臺大系統當然得急起直追。

張國恩校長與台大校長楊泮池（中）、台科大校長廖慶榮（右）三位校長共同開創台大系統。

高教資源共享　國際合作趨勢

面對國際大學挑戰，國內大學過度競爭，張國恩校長說，放眼臺灣，師大了解到高教資源的共享與互通，將最大化師生的利益與高教進步的動力，因此率先邀集距離相近、學科專長互補的臺大、臺科大，逐步啟動、加深三所頂尖大學的實質合作與默契培養，期望在未來為臺灣的高教領域注入新的活水與力量，強化社會服務、培育具備學習視野的新時代人才。放眼全球，師大體認到，具有國際思維、語言及溝通能力的人才，才會是全球市場所需。因此，師大由上而下積極努力進行國際化，才能在全球知名大學名單上佔有一席之地。

時光拉回到二〇一四年六月九日，都位在臺北市大安區的臺大、臺師大及臺科大，為展開校際合作，三校各由校長領軍，臺大包括校長楊泮池、副校長陳良基、張慶瑞、李書行、主任秘書林達德、國企系教授湯明哲，臺師大有校長張國恩、副校長鄭志富、林東泰、吳正己、主任秘書林安邦，及臺科大校長廖慶榮、副校長李篤中、周宜雄、李咸亨、江行全、主任秘書周子銓等出席在臺大校友會館，三校簽訂合作意向書，宣布將籌組成立「國立臺灣大學聯盟」，未來三校將加強研究合作，讓彼此專長資源互補，學生也可就近到另外兩校選課，相互承認學分，培養學生更具國際競爭力。

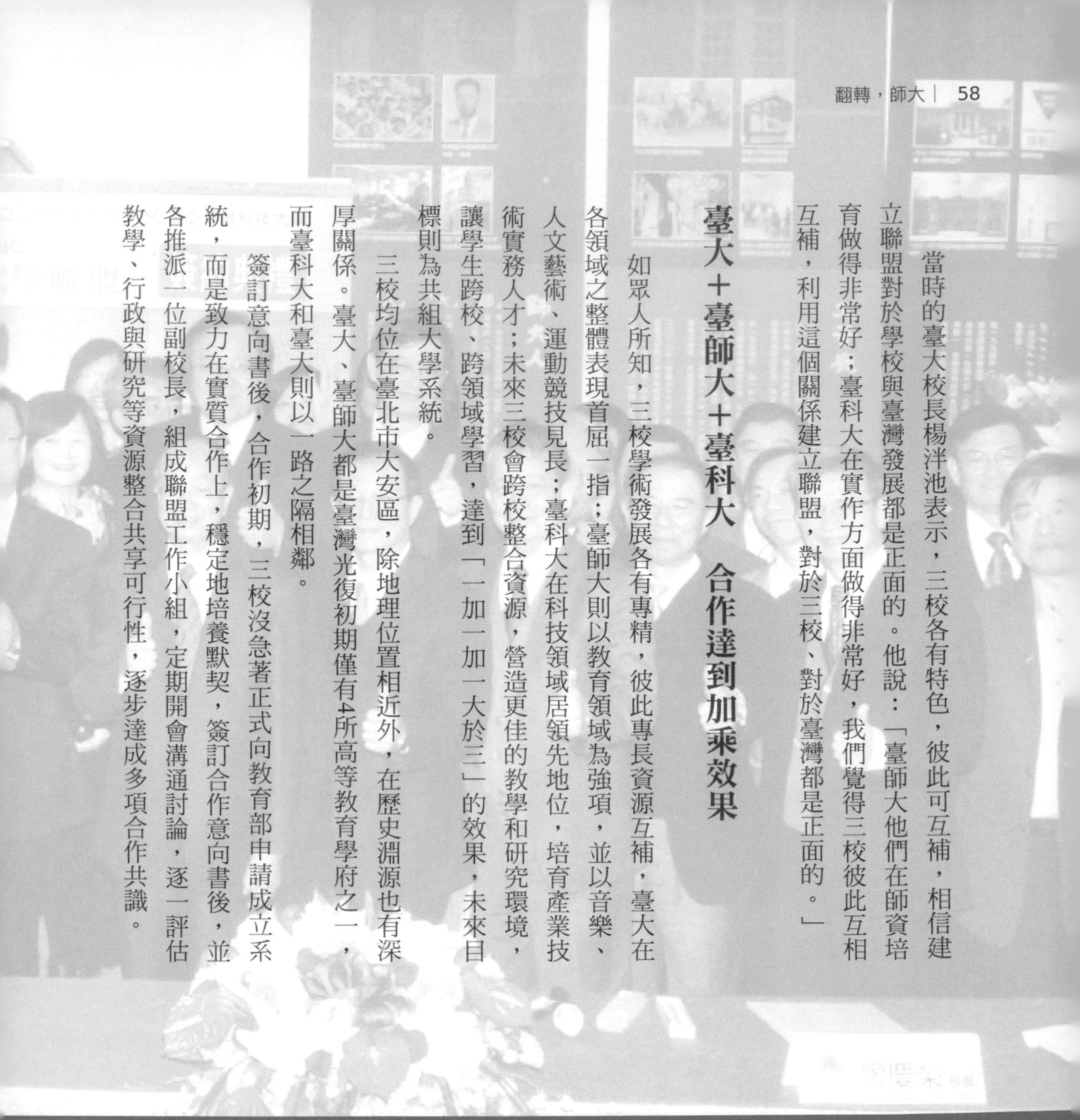

當時的臺大校長楊泮池表示，三校各有特色，彼此可互補，相信建立聯盟對於學校與臺灣發展都是正面的。他說：「臺師大他們在師資培育做得非常好；臺科大在實作方面做得非常好，我們覺得三校彼此互相互補，利用這個關係建立聯盟，對於三校、對於臺灣都是正面的。」

臺大＋臺師大＋臺科大　合作達到加乘效果

如眾人所知，三校學術發展各有專精，彼此專長資源互補，臺大在各領域之整體表現首屈一指；臺師大則以教育領域為強項，並以音樂、人文藝術、運動競技見長；臺科大在科技領域居領先地位，培育產業技術實務人才；未來三校會跨校整合資源，營造更佳的教學和研究環境，讓學生跨校、跨領域學習，達到「一加一加一大於三」的效果，未來目標則為共組大學系統。

三校均位在臺北市大安區，除地理位置相近外，在歷史淵源也有深厚關係。臺大、臺師大都是臺灣光復初期僅有4所高等教育學府之一，而臺科大和臺大則以一路之隔相鄰。

簽訂意向書後，合作初期，三校沒急著正式向教育部申請成立系統，而是致力在實質合作上，穩定地培養默契，簽訂合作意向書後，並各推派一位副校長，組成聯盟工作小組，定期開會溝通討論，逐一評估教學、行政與研究等資源整合共享可行性，逐步達成多項合作共識。

學生就近跨校修課　寫下高教史重要一頁

二〇一五年一月七日時機成熟，臺大校長楊泮池、臺師大校長張國恩、臺科大校長廖慶榮分別率領行政及學術團隊齊聚臺師大文薈廳，簽約成立「國立臺灣大學聯盟」，寫下臺灣高教史上的重要一頁。

三校在地利之便及互補性強等優勢下，短期內即已緊密合作，近六萬名師生不但共享圖書館、電腦、無線網路、商家折扣、交通車等資源，學生就近跨校修課，跨校修讀有興趣又具有優良教學品質的課程，連上下課時間都調成一致，成為大學實質合作楷模。

簽約當天，教育部陳德華政務次長、臺大校友會陳維昭理事長、臺師大校友會王金平院長、臺灣教育大學系統吳清基總校長、臺科大校友會鈊象電子李柯柱董事長等貴賓也都到場觀禮，見證備忘錄的簽訂，開拓了國內三所典範大學合作的新藍圖，提供三校師生更多的資源、更廣的視野。

三校更於下午簽約後在臺師大禮堂共同舉辦「臺大論壇」首部曲，首次論壇的主題為「選材？育才？十二年國教新主張」，探討臺灣現今教育制度、方式與國際競爭力現況，三校聯盟希望透過論壇方式，針對國家社會重要議題，提出看法與主張，以善盡大學的社會責任。

NTU SYSTEM

國立臺灣大學系統

地緣優勢　三校緊密合作易成功

三校地理位置相鄰，讓資源分享更方便與容易，過去實施一年，成效已遠遠超過其他大學系統。一〇三學年度起，學生可就近到另外兩校選課，相互承認學分，第一學期多達五百七十二人次跨校選課，以臺師大兩百二十三人次最多，佔相互修課總數百分之三十九，其次依序是臺科大一百八十三人次、佔百分之三十二，臺大一百六十六人次、佔百分之二十九；第二學期開始，三校學生將可透過選課系統線上選課，跨校選課彈指間實現。一〇四學年度開始，三校同步行事曆、開學、加退選時間，達到課程資源充分的分享。

三校哪堂課吸引最多外校生選修？研究所校際選課最熱門的分別是，臺大「鋼筋混凝土結構之非線性地震反應分析」、臺科大「人體動作控制」及臺師大「文學作品導讀」。至於三校大學部最熱門課程，分別是臺大「舞臺技術」、臺師大「英國文學：浪漫時期至現代」、臺師大「諮商理論」、臺科大「建築設計」等課程；臺大、臺師大學生選修臺科大的課程則以設計學院課程最為熱門。

圖書資源整合方面，三校開放專任教師、碩博士生及大學生申辦「一卡通」，破除校園藩籬，共享圖書資源。除了建構教學、圖書資源整合平臺，三校也合作舉辦活動，籌備研討會、全人教育成果展、輔導知能研習與社區志願服務方案，邀請三校教師和同學參加，促進行政系統交流，共享學術資源。

此外，國立臺灣大學聯盟也推出商家優惠，共享餐廳與福利社消費折扣，共一百多間商家加入簽約。另外，三校除了地理位置相近外，更有交通接駁車每天巡迴三校區，縮短跨校通勤時間及距離；三校亦提供教職員生停車折扣優惠，使臺北市成為名符其實的大學城。

針對就業輔導，一〇三學年度上學期相互開放職涯系列講座，並達成一年一度就業博覽會合作共識，建立聯絡通訊，期待創造加倍合作利益。至於招生部分，規劃共同辦理轉學生考試及海外合作招生，以及進一步的碩、博士合作招生。此外，三校並合作辦理校際學生競賽，包括運動、資訊及才藝競賽等活動。

成立臺灣大學系統　積極邁向世界頂尖聯合大學

基於過去一年多來的良好合作基礎，臺師大於二〇一六年一月十五日校務會議中，一案，現場一百多位校務會議代表及學生代表等無異議通過，臺師大將與臺大及臺科大成立「國立臺灣大學系統」，並送教育部核定。

「國立臺灣大學系統」計畫書獲教育部於二〇一六年三月三十一日核定，在資源共享、教研整合、各展特色的基礎上，由原本的「聯盟合作平臺」進一步朝向「治理平臺」方向發展，藉由實質整合與合作機制，充分發揮各校所長與互補性，提昇教育品質與追求學術卓越，樹立國內大學系統的新典範，並為積極邁向世界頂尖聯合大學而努力。

依據大學法第六條第一項規定，「國立臺灣大學系統」英文名稱為 National Taiwan University System，簡稱NTUS，二〇一六年五月三日召開的委員會中除推舉臺大系統首任校長外，亦通過「國立臺灣大學系統組織與運作辦法」，以期有效提昇教育品質，追求學術卓越，加強國際競爭優勢，整合各校資源，創造教學研究最大效益與品質。

臺大系統標誌除反應地理位置之整合外，並象徵三所特色大學之合作，以優雅的學院氛圍為靈感，設計了象徵榮譽的桂冠葉邊飾、團結的圓形徽章，以及象徵希望的飄逸緞帶，並在古典之中融入創新精神，將三本象徵學問的書籍，排成造型俐落、向下紮根的三角形，呈現三校緊密合作、人文與科學、教育與實用的完美均衡。

系統內近六萬名師生目前共享圖書館、電腦、網路、商家折扣、交通車等資源，及使用會議場地、運動設施、停車等各項優惠；學生可跨校修課、互相承認學分學程，並參與國際文化交流活動。更積極推動三校教授共聘或跨校合聘、跨校華語教學資源整合、共同貴重儀器中心、建置產學技轉媒合平臺、學術研究成果

國立台灣大學聯盟在三校的努力下正式誕生

資訊交流平臺等更多資源共享。

三校互補性強　未來朝區域聯盟發展

三所分別居於臺灣綜合型、教育體系和技職體系的指標性大學，二〇一六年九月於臺灣大學舉行「臺大系統總部辦公室」揭牌典禮，教育部高教司長李彥儀致詞表示，三校有很強的互補性，透過大學系統，讓資源共享，師生研究、產學研發等面向都能合作，而學生也能跨校、多元彈性上課，未來區域聯盟發展將是主要概念。

結合三校共同海外招生，除了到馬來西亞、印尼進行共同招生外，也正積極研商共同於海外設立共同招生中心之可能。張國恩表示，生源並非海外招生主要因素，而是希望找最優秀的海外學生，過去臺大在馬來西亞、臺師大在越南、臺科大在印尼都有長期耕耘，現在三校聯合招生，可以發揮更大力量。

面對少子化和國際競爭，希望招收海外優秀學生，而臺灣位居東亞的樞紐，還能學習中華文化和華語，是臺灣高教海外招生的優勢。二〇一六年首度一起辦理「海外高中推薦入學聯合招生」，臺大系統三校及雲林科大、虎

台大系統的誕生不僅強化三校的互補性，並產生跨區域發展的概念。

尾科大共五校，開出約三百五十六個名額，鎖定東南亞地區，前往馬來西亞、印尼等地進行學術交流及招生宣傳，希望以臺灣良好的教學設備和師資，吸引東南亞優秀高中生來臺就讀。

臺灣大學系統二〇一七年一月十日至十三日更組團赴菲律賓，與該國官方共同舉辦「臺菲學術交流會議」，並安排參訪菲國科技部，及與知名高等學府搭建合作橋樑，包括全菲頂尖的國立菲律賓大學、馬尼拉亞典耀大學與德拉薩大學，還有堪稱亞洲最古老學院的聖托馬斯大學等校，踏出成功的一步。二〇一七年七月七日三校系統成員前往越南胡志明市，與當地的國家大學系統總部完成簽署合作備忘錄。除了增加更多的交換學生和教師機會，雙方將執行共同研究計畫，並且達到規劃設置獎學金學位等創舉。

在全球化競爭激烈時代，以個別大學的教研能量，要在激烈高等教育競爭中脫穎而出，進入世界頂尖大學之列，恐怕僅有少數資源豐沛的學校才能達成。但如果校際之間可以成立聯盟，不僅可將彼此專長互補，資源可以共享與互通，更能夠將師生利益最佳化。

臺師大兩岸四地高教的品牌形象

Chapter 4
「孔子行腳」

在兩岸高教圈裡，提到「孔子行腳」，馬上與臺灣師範大學產生聯結。這個在金融海嘯時期，由臺師大號召兩岸四地青年學子，效法孔子教育精神，深入兩岸偏鄉進行課輔活動，已締造三個豐碩的成果，包括打響臺師大的品牌形象，促進兩岸四地青年的深度交流與理解，以及維繫臺師大與大陸、香港、澳門名校的合作關係。

兩岸四地大學生，點亮偏鄉學童生命之光

二〇〇八年的一場金融海嘯，讓兩岸四地許多孩子無法就學，為了幫助這些孩子，臺師大在年底發起燭光一百活動，並在隔年發動「2009 Hoping‧Download 燭光一百—青年踏尋孔子行腳計畫」，串連臺灣、大陸、香港、澳門等四地的青年學子力量，效法孔子教育精神，踏上兩岸四地偏鄉進行課輔服務，以教育串連兩岸中小學，點亮偏鄉學童生命之光。

為了讓愛心持續，二〇一〇年的寒假，臺師大邀請北京大學、香港大學等兩岸知名學府，再次召集一百名大學生，用他們的教育愛，溫暖了兩岸四地偏鄉的學童，二〇一一年響應孔子行腳的大學生人數增至一百五十人，這次

孔子行腳活動點亮兩岸四地偏鄉學童生命之光

不僅與北京大學共同號召，北京清華大學等名校更響應加入，大家打破藩籬、無遠弗屆的心手相連，並透過媒體宣傳讓更多的愛心投入。

二〇一二年開始，臺師大校長張國恩每年加入此一散播仲夏希望的活動，以種下孩子們的希望為目標，與北京大學、清華大學、北京師範大學、南京大學、復旦大學、香港中文大學、澳門大學等二十所大學攜手，延續首屆活動宗旨，結合兩岸四地學子，踏進兩岸偏鄉中小學，讓偏鄉孩子及參與課輔的大學生，都有滿滿的收穫。二〇一四年「青年踏尋孔子行腳活動」正式更名為「孔子行腳」活動，讓兩岸學子用教育幫助偏鄉孩子們，傳承愛與希望。

名校好奇，為何大師都來自師大？

「孔子行腳」在華人甚至全球高教樹立品牌、發光發熱，張國恩是關鍵人物。憶往過去，張國恩說，早期師大與大陸大學交流時大部份集中在師範類大學，如北京師範大學、華東師範大學等，然而孔子行腳後，讓參與孔了行腳的大學越來越清楚師大在台灣的特殊地位，而且有些領域獨尊於台灣各大學，甚至在大陸地區也是領先各大學，

孔子行腳前進陝西希望小學

因此台師大所交流的對象就越來越擴大，包括香港大學、香港中文大學，一般的綜合型大學也與師大建立友好的關係。

許多大學都很好奇，「為什麼大師都來自師大？」張國恩說，大陸綜合型大學不設藝術類和體育類，而臺師大的美術、音樂、體育領域，都具有悠久傳統，在國際排名頗具名聲，交流之後，對岸才慢慢了解臺灣制度跟大陸不一樣。當大陸名校越了解臺師大的特殊性後，就越能看到臺師大的優質特色對大陸名校的幫助與互補。

和大陸、香港、澳門名校交往一開始也沒很緊密，張國恩剛開始透過孔子行腳活動與對方建立合作關係，先提供名額給這些名校學生來臺灣交流，後來漸漸地就達成雙方交流合作的目標，張國恩豪氣地說，「做國際化，自己要大器！」

大陸一些九八五、二一一名校，知道臺師大的特色與地位，加上活動非常有意義，都希望把學生送來參加「孔子行腳」，名額要幾個就給幾個。西安交大聽到北大、清華參加孔子行腳，也要來跟臺師大簽約。江蘇師大要送一百個學生，願意自己出錢來。現在，「孔子行腳」招募學生已變成要排隊報名了，尤其是大陸學生報名太踴躍，不得不作篩選。

孔子行腳活動，逐年擴大參與學校及服務規模，從一開始兩岸四地十所大學、一百四十位大學生參與，服務十六所偏鄉學校，現在已擴大為二十六所大學、三百四十位大學生參與，服務三十二所偏鄉學校，堪稱兩岸規模最大的跨校性偏鄉課輔活動，更榮獲教育部青年發展署頒發青年志工績優團隊青年組特殊貢獻獎。

孔子行腳，讓臺師大在大陸名氣一天比一天響亮

跟大陸名校合作，邀請北大、清華的學生與老師來臺進行偏鄉服務，雖然承擔許多壓力，但兩岸四地的

孔子行腳活動每年邀請來自大陸、澳門、香港的大學生到台灣來共同接受師資培育課程，再共同赴偏鄉服務。

北京清華大學8年來一直參與孔子行腳推動偏鄉弱勢教育，前北京清華大學校長陳吉寧（現為北京市長）和張國恩校長具有相同的使命感。（圖片來源：北京清華大學提供）

學生密切交流，也更加了解臺師大，因此提高了臺師大在大陸的知名度，使臺師大的品牌在大陸受到高度認同。臺師大學生畢業後去大陸就業更有發展，已有博士班畢業生去大陸教特殊教育。

孔子行腳，讓臺師大成為教育品牌的指標。對岸很歡迎臺師大的畢業生能過去當教授，帶過去的創新教法會漸進促成大陸學校教學方法的改變。

「孔子行腳」多年深耕的成果，促進兩岸青年的深度交流、彼此理解。臺灣學生到大陸去，了解當地年輕人的想法，比較不排斥；大陸學生也更了解臺灣的進步發展。張國恩認為，不管未來怎麼演變，大陸的經濟規模與就業市場越來越大，我們不能不去面對它。

近年來，陸生來臺人數減少，但臺師大不太受影響，校園裡的陸生人數仍有成長。特別是，過去曾參加「孔子行腳」活動的大陸學生，後來有不少成為交換生或學位生。

臺師大的陸生除了學位班、交換生，也有訪問生、專班、短期研修生。訪問生就是收費的交換生，至少來一學期；另一種是專班，像是福建師範大學專班，整班到臺師大上課一學年，福州大學專班也來一學年。短期研修則大多數是暑假過來的，另有些學生會先參加孔子行腳活動，他們結束在臺灣偏鄉課輔活動之後，留下來繼續參加臺師大辦的臺灣文化活動體驗營，結束後由臺師大開立學

前華中師大校長楊宗凱（左）與張國恩校長共同赴湖北遠安探視偏鄉學童

分證明，一般而言，大陸的大學都承認臺師大的學分。

陸生來臺交流，對臺師大學生也有影響。張國恩發現，因為彼此合作幫助兩岸偏鄉學童，真心且深度的交流，讓臺灣的大學生理解對岸社會經濟發展的狀況，另外，能夠來臺灣參加孔子行腳的陸生，都會對臺灣很友善，只要來過臺灣一次，日後都會再來臺觀光旅行。

孔子行腳第一屆學員，獲歐巴馬接見

還有一個正面效應超出張國恩的預期，參加孔子行腳的都是大陸名校學生，臺師大學生跟他們共事三個星期之後，會覺得「我們和他們一樣優秀」，信心也提升了。「我滿欣賞臺灣學生，不盡然是草莓族，而有一股默默的堅定力量，孔子行腳活動培養了不少具有公益胸懷的人才。」這也是張國恩每年堅持辦孔子行腳的很大支撐力量。

大學時期曾參加孔子行腳的臺師大社會教育與文化行政碩專班碩士生鄭惠如，二〇一六年獲選出席參加由美國總統歐巴馬親自主持的第七屆全球企業高峰會，這是由全球報名的五千多家企業中選出一百位參與，讓全球的企業家發揮自己的力量來改變世界，其中臺灣僅有三人獲選，當時鄭惠如是唯一在學生。

兩岸四地大學生共同宣示，要把愛與希望帶進偏鄉學童的生命中。

①

鄭惠如在二〇一四年創業成功，她開的新型餐廳以綠建材打造無障礙空間，聘雇員工有高達七成員工是弱勢者和失婚婦女，創造了能解決社會問題的商業獲利模式，成為獲選的主因。張國恩說，鄭惠如就是孔子行腳第一屆學員，當年她除了白天為偏鄉學童做課輔、帶活動，晚上還主動做家訪，關懷弱勢學生的家庭生活情況。

在張國恩的教育理念中，孔子行腳不只是公益、教育，更是人才培育的重要環結，希望為國家社會培育更多有同理心、公益情的各行各業領導人。

孔子行腳做得很扎實，新政府上臺後，報名的大陸學生人數更多，完全不受兩岸關係的影響。張國恩分析指出，兩岸真心交往，共同推展公益活動，可以超越政治與意識形態的桎梏，因此取得大陸師生們的信任。

公益另類產學合作，校友企業齊支持

孔子行腳也是具有公益性質的另類產學合作，由校友、企業出資，送兩岸大學生到偏鄉服務。

①　前校長郭義雄帶領哈爾濱工業大學和臺師大學生前往哈爾濱順邁小學支教。
②　長期以行動支持孔子行腳活動的金仁寶集團董事長許勝雄（左），獲頒「潘文淵獎」，由夫人蔡麗珠（右）親自獻花。

張國恩說，臺師大為善盡大學社會責任，更落實「取之於社會、用之於社會」，活動經費及物資多來自社會各界及校友募款，除了多年來的主要捐助者，泉新工業股份有限公司涂鐵雄董事長外，還包括臺師大全國校友總會、金仁寶集團許勝雄董事長、育達科技大學王育文董事長、鍏盛科技股份有限公司李義發董事長、承德油脂股份有限公司梁偉勝董事長，以及田家炳基金會、百富國際股份有限公司、郭元益食品股份有限公司等社會人士及企業。師大校友總會名譽理事長、立法院前院長王金平，更是孔子行腳活動重要的支持者。

孔子行腳的下一步，創造更多創新價值

然而，張國恩也明白，不能以此自滿，後續若無更好的東西，就無法繼續深入發展，「我們要創造臺師大更好的價值，並且讓大陸名校看見臺師大的價值。」有多所大陸與香港名校，常來臺師大觀摩取經，看臺師大如何建設管理，包括圖書館、體育館、停車場、學務、教務、師培、國際化等。

師大校友總會會長、立法院前院長王金平與師大校友涂鐵雄董事長每年支持孔子行腳活動。

兩岸交流不只是做公益，下一步將推職涯合作，臺師大發展的職涯系統，第一個技轉到青島教育局。大陸教育開始做分流，讀高中要參加高考考試，如果讀高職，要測驗職業性向，而這個測驗只有臺師大有。除了青島教育局之外，香港、新加坡也都在跟臺師大洽談。

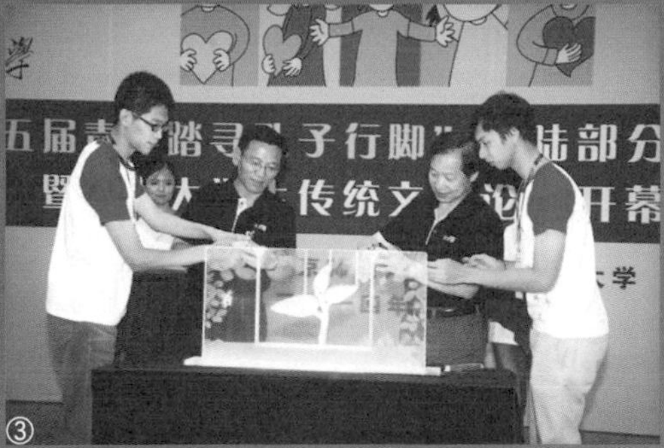

①國立臺灣師範大學校長張國恩和北京師範大學副校長田輝更共同灌溉象徵希望的樹苗。
②前上海華東師大校長陳群（右）現為上海市副市長，與臺師大校長張國恩共同為偏鄉弱勢學童教育而努力。
③傳遞愛與希望是臺師大孔子行腳活動的目的。

大師盡在師大

Chapter 5
高行健與馬雲

被譽為美國火箭領域中最偉大的天才、中國最知名的科學泰斗錢學森提出世紀人才之問，他的老師、清華大學故校長梅貽琦先生給了一句至今傳頌的名言：「所謂大學者，非謂有大樓之謂也，有大師之謂也。」一九三一年十二月三日，梅貽琦在北平清華園發表校長就職演說中，氣語鏗鏘地說：「一個大學之所以為大學，全在於有沒有好教授。孟子說：『所謂故國者，非謂有喬木之謂也，有世臣之謂也。』我現在可以仿照說：「所謂大學者，非謂有大樓之謂也，有大師之謂也。」

扣大師門，全球唯一大學聘高行健為講座教授

臺師大對大師的尊崇，不只主打「師大・大師」系列的文創商品，刻有「師大・大師」的馬克杯、保溫杯，非常熱銷，除了在校師生和校友搶購，連訪客都會忍不住買回去當紀念品，喝一口茶時，細細品味大師的風範。

張國恩為臺師大禮聘大師不遺餘力，大師的啟動點在高行健。二〇〇〇年，因小說《靈山》、《一個人的聖經》等著作，高行健成為首位獲得諾貝爾文學獎的中文作家。瑞典科學院對他作了如是評價：「具普遍價值、刻骨銘心的洞察力和語言的豐富機智，為中文小說藝術和戲劇開闢了新的道路」。

高行健獲得諾貝爾獎之後，獲贈香港中文大學榮譽博士、法國普羅旺斯大學名譽博士、比利時布魯塞爾自由大學名譽博士、臺灣的臺灣大學、國立中央大學及國立中山大學名譽文學博士。榮譽博士，只是榮譽、形式。

「我們不要走形式化，要的是實質。」臺師大是全球唯一聘到高行健擔任講座教授的大學。而這紙聘書，只花一天半時間就由張國恩親自交到高行健手中。

其實，早在臺師大之前，高行健二〇〇〇年獲得諾貝爾文學獎後，當時的臺大副校長吳靜雄曾遠赴法國，邀請高行健回臺擔任講座教授，但當時高行健因為健康情況不允許長途飛行而作罷。

一席談接聘書，臺師大幫高行健圓夢

到了二〇一一年，張國恩親自出馬，帶著聘書直飛巴黎，與高行健一席談話，他立即接下聘書。關鍵在於，臺師大幫高行健圓夢。

在那之前，張國恩並不認識高行健，牽線的是果陀劇場創辦人暨師大表藝所教授梁志民。早在高行健未獲得諾貝爾獎文學桂冠之前、在臺灣的知名度還沒那麼高時，一九九二年，梁志民看到高行健的劇作《絕對信號》的繁體版，就深深被吸引，以《火車起站》之名在臺搬演。二〇〇二年，高行健來臺執導《八月雪》時，兩人有更多的互動，而成為高行健的友人。

二〇一〇年，張國恩希望各系所腦力激盪，邀請諾貝爾等級的學者前來講座，當時的學務長林淑真，也在表演藝術所任教，她請示校長可不可以聘高行健當講座教授，表藝所的梁志民與高行健是舊識，或可一試。張國恩聽了欣喜萬分，請梁志民先打電話給高行健。沒多久，張國恩、林淑真就飛到巴黎把聘書送達，促成這件好事。

讓高行健欣然答應的重點，不在報酬的多少，而是張國恩當著高行健的面允諾，會動員全校之力改編《山海經傳》成為華文音樂劇，終於讓高行健點頭答應來臺擔任講座教授。每年來臺停留半個月左右，開設多場講座，內容包括文學創作、戲劇、美術等面向，搭配其他表演藝術課程，並親自指導表演藝術研究所歌舞劇。

張國恩校長頒發榮譽博士學位給諾貝爾文學獎得主高行健

不問待遇，只關心創作絕對自由

除了邀請高行健來臺擔任講座教授外，高行健獲得諾貝爾文學獎的《靈山》等作品，以及當年在中國大陸創作時的照片，臺師大也協助將這些珍貴資料數位化。

高行健的現代史詩劇作《山海經傳》以中國神話《山海經》為藍本，劇中人物大膽顛覆傳統形象，被歸類為荒誕。香港辦藝術節時，大陸知名劇場導演林兆華已將《山海經傳》搬上舞臺，師大版本的《山海經傳》則是承接《八月雪》的全方位藝術概念，將說、唱、舞等結合為一體。

張國恩回憶，他跟林淑真、梁志民三人直接飛到巴黎，去的時候也不知道要拿什麼聘人家，薪水要給多少？與高行健會面前一天，三人吃飯時還在討論，「到底我們明天要拿什麼給人家？」

依慣例，諾貝爾獎得獎者來臺灣一場演講，行情是一百萬元起跳，而高行健允諾擔任臺師大講座教授時，都沒有提到錢的事，令他相當感動。

張國恩拜訪高行健時，詢問他如何才能夠創

高行健獲聘本校表演藝術研究所講座教授，年年來台辦理研討會

作，高行健回答：「絕對自由才能創作，且要不受政治影響，不能受限生活或物質」，張國恩也問曾在大陸勞改過的高行健，學生要如何創作，高行健建議，「應該要國際化」。

師生獻《夜遊神》中文版世界首演

高行健只希望來臺灣時太太可以隨行，他還有個心願，希望把《山海經傳》改編為戲劇，張國恩一口就答應了，表示臺師大有意做這項工作，希望有機會將華人經典作品帶上國際舞臺。當時張國恩已把講座教授的聘書帶過去，聘書上沒有任期。雙方相談甚歡，會談結束後，高行健還請張國恩等三位訪客去吃米其林午餐。

翌年二〇一二年六月，臺師大慶祝六十六周年校慶，高行健就依約現身臺師大校園，展開緊密合作關係，臺師大幫高行健實踐理想，並創造一個環境，讓學生感受到他的創作精神。高行健的創作強調「絕對的自由」，絕不受商業、政治、意識形態的束縛，創作時完全沒去想要賺多少錢，完全自由自在。

臺師大送給高行健的見面禮，是由臺師大表演藝術研究所師生緊鑼密鼓排演他的戲劇作品《夜遊神》，該劇在歐、美曾被知名劇團演出，這次是中文版世界首演。高行健以噩夢為題完成的《夜遊神》，透過人稱與對白的特殊設計，及舞臺聲光、機關，讓觀眾在夢與現實、「你」「我」不分的紊亂中思考良知的有無與實踐。

至於他希望拍的《山海經傳》，則花了一年時間籌備，花了兩千萬拍攝，臺師大除了運用頂尖大學經費，也要仰仗募款。二〇一三年六月，《山海經傳》在兩廳院公演四場，總共六千四百張票，一售而空。

山海經全球首演　票價創兩廳院紀錄

在國家音樂廳上演時，臺師大與兩廳院更首次推出五萬元限量貴賓券，以引起社會關注。購買貴賓券的人，可和高行健近距離對談文學，共享音樂晚宴，規劃這項創意行銷的執行長黃兆璽指出，這創下兩廳院成立二十五年來最貴票價，打敗世界三大男高音帕華洛帝來臺表演時的紀錄，當時最貴是一張票兩萬元。五萬元貴

高行健講座教授作品山海經傳在台演出引起轟動

賓券首場提供近二十張，金仁寶集團董事長許勝雄也認購兩張，五萬元票券收入，全數投入臺師大藝術推廣教育，作為培養臺灣表演藝術人才之用。

《山海經傳》以搖滾音樂劇形式在臺灣熱鬧上演。劇中的后羿換上時裝，搖身一變為潮男，口中唱著驚天動地的重金屬搖滾，以另類方式詮釋中國古老神話。臺師大表演所學生參與演出，因考量「票房」需求，邀請到臺灣第一武生朱陸豪、超級偶像歌手段旭明、擔綱演出，並由知名音樂製作人鮑比達擔任音樂總監，創作二十多首搖滾樂曲。

導演梁志民表示，這次搖滾音樂劇的構想，完全來自高行健。高行健曾說，自己的作品只剩《山海經傳》未被完整呈現，而他創作時，已經大膽顛覆劇中人物的傳統形象，走荒誕風格。因此當他一聽到高行健提出「搖滾」風，當下就認為非常適合。

高行健從小就是《山海經》迷，他小學時就從作家茅盾的著作中讀到《山海經》，往後又讀到魯迅、聞一多等人的著作及考據版本；上大學後，他讀了古希臘神話、但丁「神曲」等，開始思索中國文化有無類似東西，發現就是《山海經》，受文化人類學家李維史陀

山海經傳由表演藝術研究所教授梁志民推動演出

教育部長潘文忠（左）頒贈藝術教育貢獻獎給本校廖修平教授。

「神話就是人類集體意識呈現」啟發後，他更想恢復華夏上古神話體系。

高行健曾經歷三次逃亡流浪，有一回他得知將遭勞改，連夜逃跑，沿著長江流域走了八個省，腦子裡帶著《山海經》。躲到自然保護區等無人之境，對山海經更有許多考古發現。在巴黎寫《山海經傳》時，他決定內容只取漢朝之前版本的素材，形式上則採說書人戲劇，只客觀呈現「諸神的悲喜劇」，不帶倫理道德判斷及意識型態，在高行健眼中，《山海經》是寶藏，含藏著龐大的哲學體系，呈現人類基本生存困境，即便到了現代，也可得到印證。

感動大師，高行健視臺灣為第二故鄉

臺師大為高行健圓了多年來想望的夢：《山海經傳》搬上舞臺這件事，高行健前後醞釀數十年，又等了二十年才由香港演過粵語、秦腔兩種語言版，可惜他都沒聽懂，臺灣版是他第一次能聽懂的版本。高行健甚至在公開場合表示，「臺灣是我的

美國萊斯大學教授林昭亮擔任本校音樂系講座教授

第二故鄉」。

二〇一六年六月，臺師大再次不計成本將高行健拍的《美的葬禮》電影出版畫冊。

「美的喪禮」是高行健教授根據他的同名長詩所拍攝的一部電影詩，這部片完全擺脫了現今電影的敘述模式，像寫詩一樣自由剪輯，每個鏡頭精心構圖如同畫作。

「美的葬禮」這本書的時空跨越了羅馬、威尼斯、巴黎、倫敦、柏林、哥本哈根、東京、香港、幾乎遍及全世界，在批評全球化的當今世界政壇喧囂而廣告彌漫的同時，深深哀悼美的喪失。

高行健認為他不僅是文學家、劇作家、畫家、電影導演、更是攝影家，這本書運鏡充滿大師風采，可以看作是一部當代史詩，然而書中沒有一個鏡頭是在實地拍攝的，而是高行健在他的畫室裡，透過演員的表演，把音樂戲劇舞蹈繪畫和詩作出完整的結合，也把電影做成一種完全的藝術，希望能促使觀眾去思考。

臺師大幫大師圓夢，也讓臺師大的學生看到大師的風範。「禮聘大師，是為了給學生好的學習典範。」張國恩表示，邀高行健擔任講座教授，形成「大師應如是」的氛圍，各系陸續提聘的大師人選，只要是人才，張國恩親自登門拜訪禮聘。

近年臺師大極力招攬優秀人才，爭取國際級大師加入師大教學研究團隊，已是校方優先推動的目標，師大為強化師資陣容，禮聘的講座教授，除了諾貝爾文學獎得主高行健外，還包括瑞典皇家人文科學院院士、諾貝爾文學獎評審委員馬悅然、大提琴家、莫斯科音樂院教授Alexander Rudin、當代水墨之父、國家文藝獎得主劉國松、美國哈佛大學語言學系教授黃正德、旅義女高音朱苔麗、臺灣現代版畫之父廖修平、國際藝術大師吳炫三、美國小提琴演奏家、美國萊斯大學教授林昭亮、國家文藝獎作家施叔青、中研院院士林榮耀、曾志朗、鄭錦全、李文華、潘玉華、周昌弘、朱雲漢、吳仲義等，未來還將繼續禮聘國際級大師，加速學術國際化。

旅義女高音朱苔麗應邀擔任本校表演藝術研究所講座教授

國家文藝獎得主劉國松擔任本校美術系講座教授

瑞典皇家人文科技學院院士、諾貝爾文學獎評審委員馬悅然擔任本校國文系講座教授

頒榮譽博士　馬雲：臺師大是第二母校

亞洲首富、阿里巴巴集團董事局主席、淘寶網、支付寶的創始人，知名中國大陸企業家馬雲，張國恩也親自頒給榮譽博士。

二〇一五年三月，馬雲應臺灣大學聯盟、臺大學生會、臺師大學生自治會之邀，在臺灣大學進行一場「馬雲與青年有約—從夢想到成功創業」的專題演說，臺灣大學聯盟是由臺灣大學、臺灣師範大學及臺灣科技大學組成，聯盟認為由臺師大頒給馬雲榮譽博士學位最合適，因為馬雲畢業於杭州師範學院，曾當過英語老師。

張國恩也深信，馬雲從師培生變成企業家，以師範人的精神在企業經營有卓越的成就，對社會又積極貢獻，肯定能帶給臺師大學生另一番人生視野。頒給馬雲榮譽教育博士學位和講座，是要給學生一個典範目標，馬雲就是個跨領域的成功標竿，只要奮鬥不懈，師範生也可有無限的發展可能。

王金平當中間人　馬雲現身臺師大

馬雲和前立法院長王金平熟識，而王金平又是當時臺師大全國校友總會理事長。張國恩便請王金平當中間人，馬雲一口就答應了。二〇一五年六月五日馬雲抵臺，前往臺師大親自領取名譽教育

諾貝爾文學獎得主莫言受邀擔任本校講座教授

學博士學位。他致辭時表示，他的第一母校是杭州師大，臺灣師大是他的第二母校，獲得榮譽學位是榮譽也是責任，希望未來在教育上有更多貢獻，並在師大分享經驗。馬雲表示，歡迎臺師大學生去他的企業實習，他只要到臺灣，就到臺師大做短期演講。

幫新生尋找生命中的伯樂

Chapter 6
伯樂大學堂

年年辦理伯樂大學堂新生營，幫助新生建立全方位學習地圖。

傳統的大一新生始業轉導，往往流於學校各處室的宣導活動，邀師長或貴賓專題演講。張國恩認為，要讓學生在四年大學生活建立夢想的起始點，應該從與學校的第一次接觸開始，新生始業訓練也要蛻變，以學生的需求出發，建構出全方位發展的學習地圖。

二〇一三年九月，臺師大將新生始業輔導轉型為「伯樂大學堂」新生營，採取團體方式進行，彙整了學生學習與生活內涵，整合各單位資源，建構出學生全方位發展的學習地圖，並從學生專業知能培養與品格教育出發，協助新生規劃大學生活。

伯樂大學堂的命名上，有著師大校樹「阿勃勒」和「伯樂」的雙關意義。每年夏天校樹「阿勃勒」金黃色花串隨風搖曳，花瓣隨風飄落有如黃金雨；樹上長長的莢果是上一季留下的果實，去年的果與今年的花並存，象徵臺師大人代代傳承的精神。

伯樂大學堂　一語雙關

新生營取名為「伯樂大學堂」，一語雙關，並期許師生在臺師大的校園中互相學習，成為彼此的伯樂與千里馬。為期四天的新生營活動，整合校園生活資訊及行政單位相關學習方案，讓新生實地走訪體驗以熟悉校園環境與文化，幫助新生設定學習目標。

活動流程以「移動」為經，採動態、分組、輪轉方式，透過實際

伯樂大學堂將校訓、校徽、校歌融入活動中，建立新生對學校的認同感。

走訪、參與，熟悉學習資源；課程內容以「互動」為緯，藉由學長姐帶領認識同儕與師長，將校訓、校徽、校歌等融入活動中，建立新生對學校的認同感；透過反思活動的引導，培養學生反省的習慣，創造「感動」的學習經驗。

伯樂大學堂是臺師大重要的行銷策略，加上獨特的圖騰設計加深品牌印象，滿足學生心理需求的附加價值。新生在踏入校園的那一刻起，經歷伯樂大學堂的文化洗禮，蛻變成熟，形成獨樹一格的師大人風格。

伯樂大學堂新生營活動除了帶新生探索校園，熟悉學習資源，也將生活教育融入生活教育講座，主題包括「性別平等與法律教育」、「網路使用規範與智慧財產權保護」、「服務學習知能講座」等。並透過參與體驗方式，規畫學習資源博覽會，校內行政單位及校外服務學習機構在營隊期間，設立展示攤位，與學生互動，幫助新生深入了解學習資源及各項服務。

社團生活是大學生涯裡不可或缺的夢幻樂章，豐富的社團經驗可以幫助學生促進人際關係，提昇領導能力。新生進入校園，熱情的學長姐隨即獻上繽紛燦爛的社團迎新嘉年華，協助新生規劃大學四年的社團生涯。而社團之夜的精彩表演，充分展現說學逗唱的功力，讓全場笑聲不斷、氣氛熱烈。每一年活動成效評估，社團嘉年華與社團之夜總是獲得最高的滿意度。

伯樂大學堂從學生的專業知能與品格教育出發，協助新生規劃大學生活。

「預見未來」之夜，則帶領新生認識未來四年會遇見的活動及校園文化，在演唱會等級的舞臺設計與氣氛下，以充滿力與美的表演開場，更邀請了在不同領域就業的畢業學長姐分享大學學習經驗，展現在臺師大經過四年洗禮後，畢業後的多元化發展。

期勉新生在各行各業都能為師為範

「教育國之本，師範尤尊崇……學成期大用，師資責任重。」臺師大的校歌傳達了這所大學的社會責任，「尊師重道」也是伯樂大學堂新生營要傳遞的重要理念，在始業式中特別安排拜師禮，學生代表呈獻拜師帖、束脩及校樹阿勃勒的果莢（果莢外型有如古時候的教鞭），請師長們不吝指導與教誨。師長們則回贈蔥、芹菜、菜頭，同時還授與「誠正勤樸」校訓卡，期勉全體新生同學修養品德，聰穎勤學，秉持校訓精神，朝向為師為範的目標，努力不懈。

張國恩校長親自陪同學度過精彩的伯樂大學堂活動週

張國恩深信，師資培育是臺師大重要使命之一，即使學校現在正蛻變和調整，但未來可能有百分之六十學生要到社會服務，不管在哪個領域，都希望能把師範擴大為「為師為範」。

個人的力量看似渺小，卻能在團隊中發揮無與倫比的影響力。伯樂大學堂的壓軸活動，是團體動力圈及結業式，近兩千名大一新生以師大校徽為中心，圍成一圈又一圈完美的圓，每位新生手上都握著繩子，每個人輕搖繩子就會產生巨大的晃動。這是為了讓新生體認在團隊中，每人付出一些心力，就能共創美好未來，以此來凝聚師大人的團隊意識。在操場上形成巨大同心圓，象徵凝聚師大人團隊意識，場面十分壯觀。同時，也請大一新生寫一封四年後給自己的信，把信裝入時空膠囊中，四年後畢業日再打開。

大開先例

操行成績

績

大學先
操行成
程度不
學生操
應該對
決定取

消操行成績。

世新大學曾於96年間調查各大學行政單位，結果約有兩成大學考慮廢除學生操行成績，台師大副學務長胡益進說，操行成績缺少客觀評分標準，多數大學是由導師或教官決定，但大學師生關係不比中小學親密，不僅老師傷腦筋，學生也常抱怨不公平。

台師大：作弊等行為仍會記過

雖然取消操行成績，但台師大副學務長胡益進

台灣大學過去曾發生歷史系博士生蕭明禮，
開車阻擋救護車，被校方以嚴重損害校譽記兩
過兩小過，嚴重影響操行成績。中原大學目前對
生未參加全校性集會活動，仍會扣減操行分數。
數大學最常發生學生因考試舞弊，操行成績被
分。另有學生表示，曾有學生因為參加街頭抗議
動，遭校方人員下私威脅扣減操行成績。

曾任導師的台師大公民教育與活動領導系教
顏妙桂就說，通常導師都是根據學生獎懲資料，
教官點名紀錄等數據來打操行成績，但導師有

取消雙二一・廢除操行成績

台
廢
【記者游婉琪/台北報導】
導師：成年人應對自己
新學年度開始，台灣師範大學
例，廢除學生操行成績。校方表
績主要都是由導師打，但導師對
夠，容易產生爭議，過去也常有
行成績很難打；加上大學生已是
自己行為負責，經過半年多研議

Chapter 7

頂大首發

取消雙二一退學制度，廢除操行成績，臺師大竟然走在頂尖大學前面，連臺清交都不敢為、教育部不鼓勵的事，張國恩卻義無反顧的推行，支撐他的是，「愛與榜樣」、「不放棄每個孩子」的教育理念。

早期很多大學都有「二一」退學制度，學生一學期有二分之一學分不及格就遭退學。但近年來規定愈放愈寬，有的要「雙二一」連續兩學期二一才退學，或二一加上三一才退學。臺師大在二〇一二年率先把雙二一退學制及扣考規定都廢除了，成為國內唯一不以學業成績強制退學的頂尖大學。

廢除雙二一　保障學生受教權

臺師大敢大刀闊斧而為，最主要是依據大法官釋字第六八四號主張，認為退學制度會影響學生受教權，因而取消雙二一退學制度。最後通過校務會議決議，決定取消這兩項規定，也是教育部「邁向頂尖大學計畫」

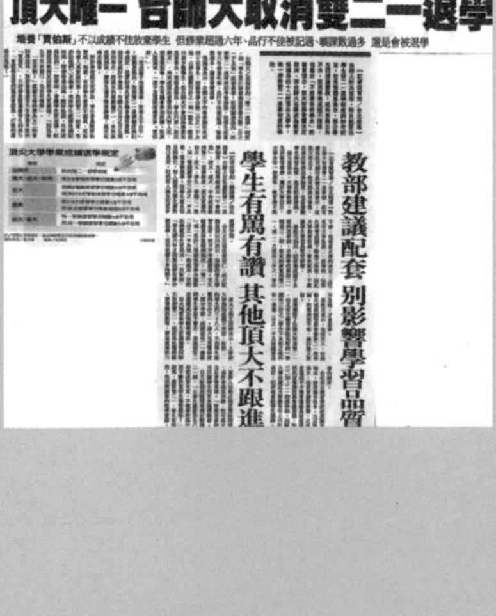
頂大唯一 台師大取消雙二一退學
教部建議配套 別影響學習品質
學生有罵有讚 其他頂大不跟進

廢操行成績 台大贊成 不排除跟進
有的大學表示申請獎學金時需要操行成績 短期內不廢 私立大學多數還是保留
台師大學生贊成改革
全家盟：討好學生 別教出一堆校寶
教育部：各大學自主 但不打分數不是要放縱 仍應重視學生的品格教育

中第一所取消雙二一退學規定的頂尖大學。不過，一學期中曠課達四十五小時就退學的規定繼續保留。

張國恩表示，取消雙二一退學制及扣考規定，重視學生學習權利及回歸教師評量權。臺師大本著教育國之本的精神，多年來培育許多杏壇良師，以教育精神來說，若有些學生家中遭逢重大變故，或選讀科系與志向不合，需要更多愛與關心，臺師大是師範教育龍頭，更應秉持福祿貝爾銘言「教育無他，愛與榜樣而已」，不放棄任何一位學生。而且大學生有六年修業年限，不應提早被剝奪學習權利。

另外，據調查，約二成五至三成大學生興趣和就讀科系不符，臺師大對選讀科系不符志向的學生，則由導師輔導轉學或轉系。

全台唯一
台師大將廢除退學制度
交大15年前廢過「學習品質變差」
大法官，管得了學生？

台師大開先例
廢除操行成績

把學生趕出校園　可能少了一個賈伯斯

然而，教育部卻不鼓勵大學廢除雙二一退學制度，擔心出現負面影響。張國恩認為，有能力考上臺師大的學生都具有一定的水準，有雙二一制度對正值青春年華的學生不公平，校方不願因為雙二一制度，就將學生趕出校園，學校不能因此放棄任何一個學生。其實只要好好開導、調整，可以把學業救起來，甚至未來成為社會菁英，同學更可利用機會多參加社團、發展人際關係，學習課本外知識，說不定能培養更多「賈伯斯」。

有教無類　教師節前夕宣布廢除操性成績

另一項創舉是廢除操性成績，宣布的時間點選在二〇一三年教師節前夕，正式向社會大眾宣布，一〇二學年度起成績單上，不再有操性成績，特別彰顯、呼應、發揚孔子「有教無類」的理念。

臺師大原本操行成績採分級制，分為優（九十分以上）、甲（八十分以上未滿九十分）、乙（七十分以上未滿八十分）、丙（六十分以上未滿七十分）和丁（未滿六十分），九成以上學生都拿甲以上。

到了大學，還要打操行成績，可難倒不少教授，因為人數多、相處時間短，有老師說就憑感覺給分數，也有學校乾脆是「標準化」訂定規範，一律是八十五分的「行情價」起跳，大學導師欠缺客觀評分標準，多數學生操行成績都差不多；更而甚之，曾發生過有大學生操行分數九十分以上，在校外卻有很多條案子，顯示操性成績淪於形式主義。

臺師大首開全國先例，成為第一所廢除操行成績的大學，以培養學生自律能力為目的，不再用操行成績評定學生品德表現。這項消息公布後，媒體馬上去詢問其他大學的看法，當然也要問問主管機關教育部的立場。但是，包括臺大等多數大學對此持保留態度，主要是考量學生申請校外獎學金時，仍需要操行成績，因此保留。教育部則表示尊重大學自主，只提醒大學要重視學生的品格教育。

實際上只有某些民間單位提供的獎學金，仍會參考操行成績，公費留考和預官考試並未要求附操行成績單。

配套完整　培養學生自主學習與生涯規畫能力

「臺師大身為教育領頭羊，一定要有示範作用。」張國恩表示，不像一般學科或術科，操行成績缺少客觀評分標準，道德標準會因時空地點而變化，導師打操行分數時，卻很難說出一致標準，更何況多數學生操行成績都差不多，這也不符合教育評量原理。

這項措施是由學務處經過半年以上規劃，提出完整配套措施，經學務會議通過後，決定自一〇二學年度起廢除操行成績，鼓勵學生多參與社團和課外活動，用更多的教育及輔導資源來豐富並引導學習，同時把各項學習經歷記錄在數位化學習歷程檔案（e-portfolio），以培養學生自主學習與規劃生涯的能力。

不打操行分數，並不代表學校不重視品格教育，管理學生行為偏差，學校仍可依據「學生獎懲辦法」，例如考試舞弊、使用非法違禁藥品、偽造學校成績等均記一大過，記大過滿三次者退學。

如果學生要申請獎學金，或其他需要操行分數及等第證明，學校提供轉換機制，學生的操行基本分數為八十七分，記嘉獎一次加一分、記小功一次加二點五分、記大功一次加七點五分、獲頒誠正勤樸獎狀加十分；記申誡一次減一分、記小過一次減二點五分、記大過一次減七點五分，九十五分為滿分。若需要操行分數及等第證明，可以到教務處前的「校園e卡服務站」申請，學生不用擔心權益受損。

在臺師大宣布廢除操行成績時，臺大曾表示，品德教育很重要，也是求職的利器，臺大不跟進。但後來在臺大學生提案廢除，歷經兩年多次開會討論後，臺大在一〇四學年度決定跟進臺師大做法。

揚名國際背後最重要的貴人

Chapter 8
景美女中拔河隊

二〇一三年拍攝的電影《志氣》（Step Back to Glory），改編自景美女中拔河隊一路過關斬將，勇奪世界冠軍。正值荳蔻年華的拔河隊員們，用一雙雙長繭破皮的手，緊抓著染上鮮血的麻繩，遠征國際，讓世界看到「臺灣」的名字。

起初，在媒體報導中，外界只知道抱回拔河世界冠軍榮耀的是景美女中，直到後來，才知道不僅拔河隊員有臺師大學生，在通往冠軍之路上，還有一個重要貴人，那就是臺師大校長張國恩。

臺師大迎臂接納　景美女中拔河隊找到出路

師大景美拔河聯隊遠征瑞典二〇一六世界盃室外拔河錦標賽，奪下女子五百四十公斤組錦標賽金牌，不僅是臺灣參賽四屆以來，首次在該項目奪金，本屆更一舉包辦女子組六面金牌，不僅破了隊史的最佳獎牌紀錄，更是代表臺灣成為創紀錄的完勝奪金隊伍。

當團隊凱旋歸國時，張國恩替辛苦的選手洗塵，並頒發總獎金六十萬元勉勵十八位選手及兩位教練。張國恩說，師大景美拔河隊過去都以室內拔河為主，這次參加室外賽，不僅訓練方式不同，且室外拔河更是歐美隊伍強項，臺灣隊伍不僅年紀最輕、體重最輕，還能拿下六金，「不放手，直到夢想到手，多撐一秒，就能改變全世界」的信念，更是令人敬佩。

「不會痛，血流乾了就可以再上了。」為了奪獎，這群女孩子手上滿滿的繭。拔河隊隊長、臺師大體育系學生周渝芳說，比賽幾乎是苦撐，每個量級都要拔十二場，手再瘦再痛也要忍耐。最辛苦的還有「增重」，賽前八名隊員每人在兩天內拚命吃，讓總重量再增加四十公斤，等於一人要「分」五公斤，當別的女孩都在追求瘦，她們卻拚命吃胖，一切都是為了要追求成功。

當拔河隊出國征戰時，張國恩也飛到現場觀賽為選手加油打氣，他表示，室外場地一向是歐洲隊伍的強

師大景美拔河隊年年獲得佳績

師大景美拔河隊在郭昇教練的帶領下，年年獲得金牌

項，我國代表隊一舉拿下六金，在拔河界裡也扮演國民外交，他國紛紛稱頌我國強大的團隊精神及技巧並效仿。

臺灣隊進場各國選手鼓掌起立　張國恩感動落淚

張國恩有一次跟著拔河隊出國比賽，臺師大景美拔河隊是冠軍隊，但比賽結束後卻是最後一支離開比賽場地的隊伍，選手們把場地整理好了才離開，「我們的學生很有禮貌，讓裁判們都打從心裡喜歡。」

臺師大景美拔河隊收拾整理好比賽場地後，才去餐廳吃飯。他們列隊走進餐廳，世界各國選手都站起來為他們鼓掌，張國恩親眼見到那個場面，眼淚都快掉出來。

這支拔河隊由景美女中體育老師郭昇擔任教練，郭昇從二〇〇三年開始指導拔河、二〇一〇年才開始帶隊進軍國際賽，當時的景美女中拔河隊，以「世界年紀最小、體重最輕的拔河隊」，首奪女子五百公斤組冠軍，勵志故事也被拍成電影《勇氣》。

郭昇為拔河運動付出相當多時間和精力，常常無法陪伴家人，他的孩子還因此不認得老爸，有一次才兩、三歲大的孩子，在郭昇要出門時竟然說：「爸爸，下次再來我家玩」，發現原來孩子以為他住在別的地方。

張國恩校長關心臺師大景美拔河隊發展，特別重視對學生的獎助與未來發展

張國恩說，郭昇也是臺師大培養出來的人才，他獨創一套拔河技巧，改變了外國的拔河方式。教練是靈魂人物，臺師大後來頒給郭昇傑出校友的榮譽。

當拔河隊的堅忍魂　遇上張國恩的柔軟心

景美女中拔河隊另一個靈魂人物是前校長林麗華，她也是臺師大畢業的校友。第一屆拔河隊選手高中畢業時的成績，根本沒有大學要收。林麗華和郭昇到臺師大拜訪學務長，獲得母校支持，因為拔河隊選手拿過世界冠軍，就用外加名額保送臺師大。

臺師大每年給四、五個體保生名額，景美女中拔河隊應屆畢業生約百分之八十至九十都讀臺師大。張國恩說，臺師大的資優體育生保送制度，必須在世界級比賽拿到前三名，才具有保送資格，景美女中拔河隊幾乎百分之百全收，只有一兩個沒來，因為地點或家庭關係，比如住在臺中就選臺中的大學讀。另外一個原因是，師大給人印象會要求學生功課，因此自己不敢來。

剛開始比較多人不敢來念臺師大，但後來人數有增加，因為第一屆體保生有人拿到碩士，有人看了增加信心轉學進來。只要名額夠，只要他願意來，臺師大都願意收。體保生進入臺師大就讀後，校方會幫忙加強英文程度，做課業輔導，讓他們更有信心。另外，引進輔導系統，體保生很多來自功能失常的家庭，甚至曾遭到家暴，輔導系統會進來，而臺師大體育系統原本就有非常健康正向的氛圍，弱勢生進到臺師大的大家庭中，很多心理問題很容易獲得解決。

張國恩感慨說，如果不是臺師大學務長和景美女中林麗華積極為這群學生奔走，「這些小孩可能就曇花一現、沒了」。如今，第一屆就讀臺師大的景美女中拔河隊學生已經畢業了，有兩個繼續攻讀研究所，兩個遠赴南非教體育。

如果透過大學學測或指考的正常考試管道，景美女中拔河隊學生不可能考進師大。張國恩為了培養她們的能力，特別撥款一百萬元給運動與休閒學院，找外籍老師來加強英語課程，因為選手常常出國比賽，幾乎是幫臺灣做外交關係，英語溝通能力很重要。另外，每次出國比賽，臺師大都會派一個人去隨隊協助。後來，是景美女中感到不好意思，對外名稱才改為景美師大隊。在改為景美師大隊之前，張國恩從未開口要credit。

從景美拔河隊到景美師大拔河隊，細微的隊名變化，隱含著科學出身的張國恩，鮮為人知的溫柔心的一面。他對弱勢的學生，視如己出般地關懷。「拔河隊每個孩子都有個很令人心酸的故事，都是透過拔河翻身，讀研究所，出國次數比我還多。」張國恩娓娓道來。

有一次學務長打電話給張國恩，建議拔河隊出國比賽期間，每個人發一百美元當零用錢，張國恩二話不說，馬上去跟校友會開口。臺師大對外募款相當不容易，因為校友大部分都是當老師，不像臺清交等頂尖大學，很多校友是上市公司大老闆，臺師大募得的款項大多用在清寒獎學金。

助弱勢翻轉人生　非關大學排名

每次聊起拔河隊，張國恩的臉上盡是不捨之情。他細數景美女中的奮鬥史，第一次出國比賽拿到冠軍，但知名度仍不夠高，很多人不認識他們，也沒聽說拔河也能出世界冠軍。但拔河隊訓練是要花錢的，「這群高中女中是怎麼募款的？她們跑去公司尾牙拔河給人家看！」

張國恩心疼地說，「如果我那時知道，絕不會讓她們這樣做，窮也不能表演給人家看！」

現在拔河隊出國比賽的主力都是臺師大學生，少部分是景美女中學生。透過臺師大和景美女中合作，共同培養我國拔河選手人才。然而，為國家培養拔河隊選手，拿到再多面金牌，對臺師大的世界排名幾乎沒有加分效果，但張國恩一點也不以為意，政府無法關照的事，總要有些傻子來做。

在拔河隊凱旋歸國的記者會上，張國恩更為拔河隊選手的未來發展請命，呼籲企業認養支持拔河隊，讓拔河選手有未來發展。他表示，國內體育選手生涯規畫尚未完整，這群孩子畢業幾乎沒有地方去，也很難升學，未來發展之路受限；反觀中國大陸，有鞍山鋼鐵廠支持的拔河隊，學生畢業後可直接就業，臺灣卻沒有這樣的環境，他呼籲企業認養支持拔河隊。

在企業還沒掏錢贊助之前，張國恩率先決定成立「金牌書院」，將找臺師大優秀研究生以一對二進行課業輔導，讓拔河隊員們能夠體育、學術兼顧，拓展未來發展。

為選手打造真正的金牌人生

Chapter 9
金牌書院

「這些選手幫國家拿了金牌以後該怎麼辦？他還是要就業，還是要發展他的人生！學業不能斷。」「運動是有生命的，我們不能只用學生的運動生命，來獲取國家或學校的榮耀，我們還要保障他未來的工作能力！」

綜合型大學設有運動領域，是臺師大跟臺灣其他頂尖大學與眾不同之處。對於金牌選手，張國恩心心念念的是，他們拿到金牌以後的生涯發展。網球好手盧彥勳正是臺師大的學生，他經常到世界各國比賽，課業仍是要兼顧，臺師大E-learning是運動選手的最佳家教，比賽回國後，老師也會趕快幫選手一對一補課程。

國家要為運動員尋找更好的出路

國家選手在比賽前，都需到左營國家訓練中心集訓。張國恩會就近找高雄師範大學協助，加上E-learaning，「我們是非常照顧學生」。

二〇一六年里約奧運，臺灣網球女將謝淑薇嗆：「我不是國家養大的，我是民間養大的！」張國恩說，這句話說得很痛心，從另一個角度想，謝淑薇說得也沒有錯。他感慨指出，「國家真的有幫助這些選手嗎？是否讓選手認為國家只是在收割他們？拿到金牌之後，這些人怎麼辦？都很年輕呢！」

國家對金牌選手的照顧，只想安排到學校。張國恩坦言，運動選手不再比賽之後，不能只靠學校照顧，學校聘用師資仍是要有學位，也要有學術能力，雖然可以用技術型老師聘他，但只能到某一個段落而已，到講師、助理教授，在大學發展仍是受限。

張國恩表示，大學仍以學術為主，跆拳道選手莊佳佳就很爭氣，考上博士班，她應邀到江蘇鹽城師範學院演講，鹽城希望莊佳佳能成他們的老師，但她予以婉拒，因為希望再為臺灣力拚世大運。

張國恩校長成立金牌講堂，培育優秀的體育人才。

莊佳佳曾勇奪二〇一五年俄羅斯車里雅賓斯克世錦賽金牌，二〇一六年菲律賓馬尼拉亞錦賽金牌，戰績輝煌，實力備受肯定，原本在里約奧運奪牌呼聲很高，莊佳佳原本把奧運視為選手生涯最後一站，遺憾的是奪銅牌失利，她決定再拚二〇一七臺北世界大學運動會。

莊佳佳里約奧運奪銅失利，張國恩說出原因

對親自飛到里約為莊佳佳加油打氣的張國恩來說，她在里約奧運飲恨，他是痛在心裡。張國恩不只一次反應，為什麼一定要把國家選手送到左營國訓中心集訓？臺師大景美拔河隊也沒有進左營國訓中心，而是學校自己栽培，不是照樣拿到六面金牌。

國訓中心除了要協助選手得牌外，是否在課業、生理、心理、情資等皆能均衡

臺師大跆拳屢創佳績，選手莊佳佳勇奪2015俄羅斯車里雅賓斯克世錦賽金牌。

發展？選手長年處於一個較封閉的地方，是否有助於身心發展？為什麼不運用大學的資源，由大學自行培訓選手呢？

張國恩表示，美國奪獎牌的選手，有三分之一出自大學，也就是說由大學自己訓練。但在臺灣，大學不能自己訓練國手，臺師大其實有實力和能力訓練國家選手，選手培訓不是只在運動技能，一直練習就夠，還包括敵情蒐集、戰術推演、選手心理輔導等。

「在左營國訓中心關一年，真的能將身心靈調整到最佳狀態嗎？」張國恩快心快語，面對國際一流賽事，教練不能太封閉，戰術運用要更靈活；對選手來說，到國訓中心被迫要換教練，會很不習慣，甚至有心理壓力，對射擊選手來說，壓力大時，會影響射擊的精準度。

張國恩舉拔河隊的訓練為例，臺師大請世界拔河協會來指導隊員，更重要的是，藉此建立公關，經營關係，「國訓中

臺師大女籃擁有絕佳的陣容，屢獲佳績。

女籃年年獲得大專籃球聯賽冠軍

心怎麼可能做這些？」他建議，國家級選手應該平常留在學校訓練，比賽前一個月再到國訓中心集訓。

也因為這樣，臺師大決定自立自強，幫金牌選手謀更好的學習與訓練方式，「金牌書院」就是在這樣的思維下建立。讓學生選手、教練、輔導員訓練、學習、生活在一起，教練也要成長，參加讀書會。

二〇一六年十一月十八日，國立臺灣師範大學率全國之先，成立的金牌書院正式揭牌。首屆學員包括女子跆拳道選手莊佳佳、女子射箭反曲弓選手雷千瑩、羽球選手姜凱心、射擊選手余艾玟、射箭選手魏均珩等四十二位。

成立金牌學院　培養第二專長

「運動選手必須兼顧運動與學業！」張國恩表示，國內過去在體育選手生涯規劃上尚未完整，未培養第二專長，未來發展之路受限，因此成立「金牌書院」，增設二十個學分的「金牌

書院學分學程」，內容涵蓋「人際溝通與社會適應」、「國際視野」、「領導能力與創新思維」及「生涯規劃」等四大領域共十五門課程，學生修完二十個學分可領取證書。

另一方面，也開設E化行動課程，為選手們補強因練習而無法上完的課，還要上多益精進班、英語會話班、專業證照班、參與國內外移地訓練，提供全方位支持與輔導，可以兼顧運動訓練與學業。

最重要的是，學員的學雜費、住宿費全免，學校下學年度還對外募集金牌書院基金，提供優渥獎學金，吸引各項國際運動賽會具奪牌潛力的新生就讀，打造選手的金牌人生。

金牌書院由具運動專長的鄭志富副校長出任首任院長，運動與休閒學院程瑞福院長擔任執行長，體育學系林玫君主任兼任執行秘書，並設置導師、輔導員，預計未來每屆都招收三十位學員，以課程規劃、運動訓練、教練增能、行政支援、生活輔導及職涯輔導等六大範疇，以運動與休閒學院為核心，結合學務及教務等行政單位，落實選、訓、賽、輔、獎等工作，希望培育優秀及具潛力的菁英人才，達到卓越競技目標。

張國恩表示，臺師大對學生要求功課，是有運動管理學上的根據，因為運動選手是有生命的，打籃球到四十歲根本打不下去；我們不能用學生的運動生命，來獲取國家或學校的榮耀，還要保障他未來的工作能力。

他還透露大學之間挖選手的角力，為了挖角拚學校比賽績效，有的大學會這樣誘惑選手去讀，「只要你來，保證可以拿到碩士學位」。張國恩堅決反對這種挖角手法，不用上課也可保障學位，如果家長學生沒去思考對未來的影響，即使學位到手了，不代表有實力，等到運動選手生命結束了，想轉換跑道恐怕實力不足。

名列臺灣高教優等生

Chapter 10
資產活化績效

張國恩校長任內興建位於和平東路上的國際會議中心

臺灣高教經費投資不足，大學要力圖校務的發展，就不能只仰賴政府資源的分配與挹注。校園資產活化，不僅可為校務經費開闢活水源頭，也提升校園學習生活的品質，更拉近大學與社區的友善互動。臺師大校園資產活化的成績，堪稱頂大績優生，還吸引中國大陸名校陸續來取經。

臺師大校園資產活化，交出了亮麗的成績單：推展國有公用不動產活化業務具有實績，並獲教育部及財政部肯定，分別於一〇一年及一〇四年參選財政部國有公用財產年度活化運用績效評選，獲評定為活化運用組基金或事業機關（構）第二名及第四名殊榮。

行政院二〇〇八年十一月間核定「強化國有財產管理及運用效益方案」，其中活化公用財產為重要措施之一，主要理念為「公地公用、發揮效能」。在「國有公用不動產活化運動成果評比」中，臺師大總務處提出幾點衡量指標，分別就效益性、創意性及多元性、進步性、未來性、績效標竿等方面，提出具體成果，獲得評審青睞。

前衛設計、鈦版外牆結構的師大美術館，成為台北的新地標。

修建前的梁實秋故居已殘破不堪

禮堂變身古蹟音樂廳　文薈廳風華再現

這份資產活動的績效，也讓傳統老校，風華再現。青田街貨櫃屋創意基地、興建中的師大美術館、剛營運的貳樓書店餐廳……讓人發出一連串的讚嘆聲。臺師大有其他學校少有的古蹟及老樹，不僅保護它並活化它，學校師生也在這幾年清楚感受到校園環境的改變，更加便利及舒適。

像是文學大師梁實秋在師大任教十七年所住的梁實秋故居先前因為產權問題，大門深鎖，殘破不堪，修復盡可能呈現故居原貌後，邀請梁實秋幼女梁文薔從美國回來為故居揭牌，便可看出對歷史古蹟的愛護與保存。

禮堂、文薈廳、行政大樓、普字樓等，都是師大最早的建築群，見證了師大沿用臺北高等學校校舍達八十多年來的發展，深紅色面磚、洗石子磚柱，紅白相間，加上尖拱屋頂、古堡城垛、雕花窗臺，極樸雅古意。

其中，師大禮堂（前身為講堂）於西元一九二九年日治時期，由臺灣總督府營繕科設計創建，採折衷

修建後的梁實秋故居成為遊客必經之地

歌德式建築特色，極具古典風格，其外壁貼深紅色面磚，門窗及簷線施洗石子，紅白相間色調，極有歐洲古老大學傳統特色，也是日治時代學校建築中，大跨距屋架禮堂的優秀代表作品。

許多大師如儒學大師牟宗三、文學大師梁實秋等，都曾在禮堂講課。不過，古蹟歷經八十多年歲月，因功能不敷學生多元需求，張國恩決定依現況修復，增加專業燈光音響、升降舞臺，並成立臺北市繼中山堂、西門紅樓後的的第三座古蹟音樂廳，舞臺最多可容納整個交響樂團，樂音隨著老樹枝葉搖曳款款飄送。

而文薈廳作為臺北高校一九二二年創校時，最早興建並於一九二六年完工的建築物，日治時期稱為「生徒控室」，是學生休息、閒暇活動的場所，文學大師梁實秋、國畫大師黃君璧、哲學大師牟宗三等都曾在此駐足，留下不朽的作品，人文薈萃。

文薈廳於二〇〇三年被列為臺北市定古蹟，蝙蝠長廊、牆上的大衛之星窗櫺，在臺灣都已經少見，但長期委外經營餐廳，多年前一場大火，燒垮了屋頂，以鐵皮暫時替代，損害了這棟古建築的威儀。二〇〇

禮堂經整建後為本校古蹟音樂廳

九年整修完成的文薈廳，保留建物外觀融入建築新工法，內部挑高，流露磅礡氣勢。

如今文薈廳蛻變成為學生課餘最常使用的空間，恢復師生之間、最深刻最自然的交談習慣，讓學生有能夠無限發想空間。不再受限、不必制式化，文薈廳內的夢想舞臺，將供學生表現自己，可以是背著一把吉他哼哼唱唱，或勁歌熱舞，也可以是任何新的表演形式；並設有吧檯販售咖啡飄香，自動借書區使學生與文字接近，更有臺師大文創商品販售區，將臺師大的人文氣息推展更廣、更遠，整體校園氛圍舒適自在，更延續師大人共通的回憶。

閒置警衛室　變身文創商店

張國恩深信的多元價值，充分展現在校園資產活化策略上，他將委外經營操作得更細緻，並且創造多贏的價值。委外經營引進商家有幾個要素：第一，必須跟學生的生活相結合；第二，商家提供的價位，必須能滿足學生的需求；第三，商家能提供

文薈廳經整修後，成為學生閱讀、交誼最好的場所之一。

學生工讀的機會；第四，得標廠商必須負責周圍環境的美化及維護。

「校園裡的木棧平臺全部是廠商做的，我們沒有花一毛錢。」張國恩自豪地說，廠商營造更舒適怡人的周邊環境，既能吸引消費者，也能融入校園整體環境，這是多贏的策略。

鄰近師大夜市商圈，也成為空間活化的利多元素。閒置空間加上文創，竟創造出新商機，也提供年輕人創業初試啼聲的新舞臺。

位於師大路上男生宿舍旁，有一間閒置多年的警衛亭，總務處將之委外改建，搖身一變成為文青咖啡館，綠蔭下的白色玻璃屋，在學校圍牆旁超級吸睛，成為特殊的景點。不只賣咖啡，也賣複合文創商品，讓學生有一個不一樣的選擇，客源一半是學生，一半是觀光客。

假日文創市場　微型創業試身手

靠近師大夜市的一塊閒置土地，原本圈圍起來，雜草叢生的蚊子地，不僅毫無用途，還得耗費

①師大將在臥龍街興建國際學舍，扮演招收國際留學生的重要角色。
②曾在本校任教的余光中先生參訪梁實秋故居
③梁實秋幼女梁文薔捐贈梁實秋先生手稿給師大
④⑤育成中心發展出別具特色的創意市集

人力定期除草整理。想要改建，也缺乏經費，且太靠近夜市，即使改建可用樓地板面積也不寬裕，乾脆招標經營變成美食廣場，學校當房東，一個月可收十幾萬元房租，一年破百萬元，對校務基金不無小補。

假日還辦理文創市集，張國恩也會不時去逛市集，曾有年輕人在市集上擺攤販售自己的文創商品，後來發展成微型創業。臺師大的閒置空間真的充分發揮了「寸土寸金」的功效，在張國恩心裡，最高的附加價值就是提供年輕人開創無限可能的平臺，即使是閒置空間的活化，也不忘教育的初衷與本質。

臺師大健康中心　創新委外的代表作

臺師大健康中心的委外經營，更是多贏策略的代表作，在國內大學校園獨樹一幟。原有的健康中心建築老舊，而且使用年限已到，幾乎將可列入危樓了。委外給樂活醫療管理團隊經營，樂活醫療管理公司原本跟學校就有產學合作關係，取得經營權

臺師大擁有全台灣最好的健康中心

之後，認為建築已老舊且不敷使用，應該要重建。但重建的方式不是採取BOT，而是由樂活團隊委託大巨蛋原建築師劉培森設計，蓋好之後再捐給學校，學校再租給樂活團隊使用，不僅蓋新大樓，學校不必花一分錢，還有租金收入。

二〇一五年四月十三日，樂活診所開幕。校內、校外各有一道門，既對臺師大師生服務，也可以對社區開放，同時照護師生和社區居民的健康。廠商花了一億元改建的健康中心，除了當作醫療診所，也是健康體適能檢測站。一到三樓是診所使用，頂樓保留給學校當會議空間。

提到健康中心委外的創新思維，張國恩不吝把功勞歸於前任學務長林淑真。以前學校自營健康中心，要自己買藥、自己聘醫生，一年花費一百多萬人事費，醫材設備又很差，連個小感冒都治不好。健康中心委外經營後，學校一年可節省一千萬元的買藥經費，「以前學校自己買藥，沒用完、過期就要銷毀，非常浪費！」張國恩說，無論從經營績效和維護師生健康來看，健康中心委外是正確的道路。

校園資產活化　創造多贏新局

樂活醫療管理團隊結合醫學中心級的專科醫師、醫療設備與資訊設備及診所特有的優質醫病關係。樂活診所設有家醫科、新陳代謝科、復健科、身心科等六個科別，師大學生和校友看診掛號費與部分負擔總共才一百元，低收入戶同學可在生輔組登錄資料，由學校補貼。「我們做到很細膩程度，清寒學生不收掛號費，學生證一刷就自動處理，不會貼上清寒標籤。」張國恩以學生為本位的人文關懷，由此見微知著。

樂活醫療管理團隊進駐臺師大健康中心之後，繼續和學校有產學合作，也提供學生衛教實習的經驗，同時提供社區居民專業的慢性病照護和整合性健康管理。社區民眾不需要到擁擠的大醫院，每天散步到診所一樣可以享受醫學中心等級的醫療服務。

師大文薈廳

師大文創打出品牌

Chapter 11
資產活化的軟實力

校園文創商品在臺師大，被視為校園資產活化的軟實力。兩百多款校園紀念品，如同師大師生及校友文創能量的展示櫥窗。美術系與設計系師生共同創作「臺灣DNA」系列，包含鋼珠筆、筆記本、收納袋，以臺灣特有生態意像為設計元素，鋼珠筆一年銷售量高達七千多支，十款圖案包括阿里山龍膽、玉山杜鵑、白痣珈蟌、曙鳳蝶、寬尾鳳蝶、臺灣藍鵲、玉山小米草、島田氏月桃等，多數是留學生買回國自己珍藏或送禮的紀念品，一支筆記錄、典藏了臺灣的特色與臺師大的回憶。

師大文創品牌　不斷推陳出新

這些文化創意成果，都出自圖書館出版中心和設計系文化創藝產學中心之手。其他大學推的校園紀念品大多是委外設計製作，臺師大的禮品不只是紀念品，更是結合全校師生創意，共同開發的文創商品。校花阿勃勒、書法名家董陽孜親手寫的「師大大師」融入紀念品設計中，成為典藏臺師大的視覺意象與圖騰。「NTNU」和「師大大師」被設定為師大文創的品牌發行，為了長期經營，避免單一產品力量小，開發了許多系列商品。

校花「阿勃勒」為主題的系列商品走學生實用路線，包括黃金T恤、校徽書籤、精品筆、L型文件夾、羅大利包、皮雕筆、黃金傘，將校花圖案融入設計中。美麗的阿勃勒樹不僅在花季時會落下黃金雨，老師、學生抬頭看樹上時，還可發現去年的果實與今年的花朵並存，代表了校內的傳承精神，新舊交替間不斷交織出創意與火花。

「師大大師」系列，由美術系傑出校友、名書法家董陽孜親手書寫的logo，經雷射雕刻處理印在不鏽鋼保溫杯上，是校友和訪客必買的紀念品。張國恩禮聘諾貝爾文學獎得主高行健擔任講座教授，也推出臺師大圖書館鎮館之寶之一《山海經》紙膠帶「靈祇」，讓珍貴的文化資產搭上文創熱潮。

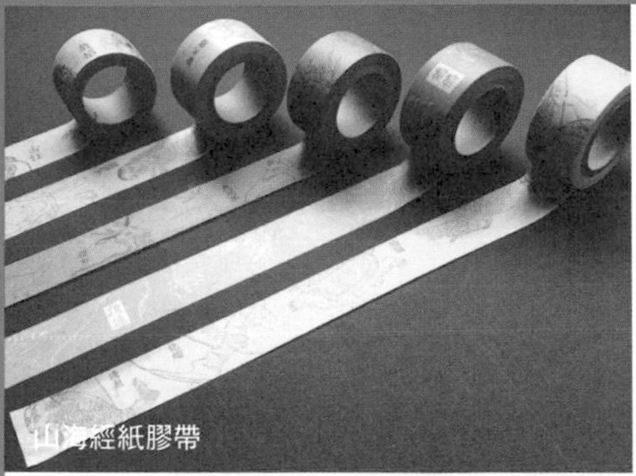
山海經紙膠帶

鋼珠筆　鳳蝶對筆

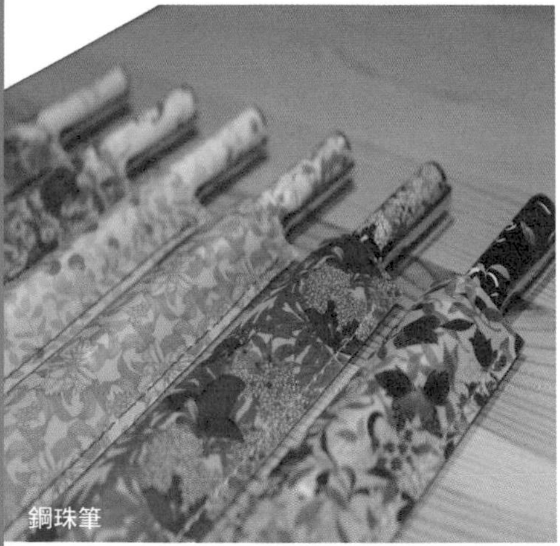
鋼珠筆

山海經紙膠帶

馬克杯

馬克杯

「悠遊師大」與「學生時代」系列都是學生創作的作品。悠遊師大系列把師大周邊地圖設計為提袋與票夾的封面，並將師大校訓與各大學院系所融入設計。學生系列則是由師大伴手禮投稿中，徵選工教系學生設計的作品—掌上型「師大復刻版課桌椅」，發展成場景玩具，延伸製作和學校生活相關的作品，讓學生或校友離校後，也能回憶校園點點滴滴。

臺師大更將代表性建築物古蹟禮堂、校內傳統的西瓜節傳情也變成微型積木，既有手作樂趣，也可腦力激盪，很受師生、校友及訪客喜歡，推出文創商品能打學校知名度，又能增加財源，一舉多得。

發掘設計新秀　版權歸於學生

值得一提的是，推出每樣商品前，都有專人做市場調查，跟許多廠家比樣，對品質的要求很高，必須達到像誠品書局或無印良品商品般的質感。由校友書法家董陽孜題字的「師大大師」保溫杯，三年熱銷八千個，營業額三、四百萬。以師大校花阿勃勒為主題的筆記本、文件夾，一年可賣近萬個。

張國恩發現，創意要不斷更新，否則就很快被跟上，臺師大不定期舉辦文創設計徵件競賽，另外，科技系成果展覽時，也常有令人耳目一新的設計佳作。張國恩每一場都會去看，看到有好的設計，會請圖書館館長把設計商品化。商品化之後，給學生固定的利潤，「我們不占學生的便宜，版權仍屬於學生」。

臺師大還有個獨一無二的特色，是其他大學沒有的，學校收藏了三千多張畫作，都可以做成產品。臺師大有個傳統，美術系歷屆前三名的畢業生，都要留畫在學校，包括「水墨現

董陽孜撰寫的至大無外象徵臺師大多元發展創新精神

代化之父」劉國松、「臺灣現代版畫先驅」廖修平，他們學生時代的作品還保留在學校。

這些繪畫大師對於自己學生時代的作品，還能獲得妥善保存也很高興，因為臺師大有個文物保存維護研究發展中心可以幫忙修復年代已久的畫作。文保中心除了修復畫作，也將原畫製作版畫，委託給圖書館出版中心販售。

臺師大文保中心　比照博物館規格

校友是臺師大重要的資產，畫賣出去後，照相版權都會給師大，可以加值運用。讓張國恩津津樂道的是，臺灣第一個設立藝術銀行不是文化部，而是文化部參考臺師大的藝術銀行來規畫的；文化部藝術銀行擁有的畫作，也遠不及臺師大藝術銀行的典藏來得多。藝術銀行的畫作可以提供租展，有些企業、銀行及房地產公司，會向臺師大藝術銀行租畫，「我們不怕借出去的畫遭到毀損，因為我們有個功力很強的文保中心」。

名畫也要延年益壽，才能永保藝術價值。堪稱是畫作「五星級健檢中心」的臺師大「文保中心」，專為「老病」畫作手稿做健檢診斷、清洗整容，恢復原作丰采，已成功搶救了收藏家珍藏身價上億的畢卡索、雷諾瓦名畫、上市公司大老闆清朝時間的祖先畫相，政府機關重要的史料手稿。

臺師大「文物保存維護研究發展中心」（簡稱「文保中心」）的設立，張國恩扮演伯樂的角色，聘請美術系校友、東京藝術大學博士張元鳳擔任文保中心主任，並大手筆投資五、六千萬元設備，一百坪大的空間比照博物館環境，二十四小時恆溫恆濕、雙層保全監控系統、所有照明都不含紫外線，因為紫外線是會讓文物老化的光線。

師大文保中心是國內藝術修復的重鎮

名家畫作因歷經歲月風霜或保存不佳，畫紙遭蟲蛀、長霉菌、紙張酥脆、顏料脫落……種種疑難雜症，修復師都有辦法可妙手回春。每張畫作送來時，要先到健康中心照Ｘ光，再經紅外光、紫外光等光學鑑定，包括畫紙纖維、黴菌、蟲卵鑑定，並分析顏料成分，再調配出適合的溶劑清洗。

臺師大文保中心曾接受一家知名上市公司老闆的委託，搶救一張嚴重斑駁的清朝先人畫像，經過近一年的搶救，再現歷史風華。行天宮禁焚香燒紙錢之後，也分批把廟裡的重要文物，如經年累月被油煙薰染的木雕畫匾，送到臺師大文保中心健檢整容。成功大學日前也把創校首任校長、日籍若槻道隆的禮服送來修復。

畫像完成修復後，研究人員還會印製一份修復報告書，以陳澄波作品保存修復委託案為例，總共修復油畫、素描本、水彩、炭筆素描、粉彩、水墨、書法共一千零三十件作品，全數修復過程作了完整記錄，包括資料檔案建立、造冊，修復前後使用一般攝影、紅外線、紫外線、顯微照相、非破壞分析ＸＲＦ檢測，Ｘ光檢視分析裡層結構等。

修復是尊重歷史　與藝術對話

文物保存修復工作結合科學、歷史及藝術，文保中心不僅替美術系典藏品修復，也接受國內各大博物館及收藏家委託進行文物修復，包括中研院、蒙藏委員會重要文件史料送來修復，但都簽有保密協定，不能對外公開內容。

張國恩說，「修復」是一項「尊重歷史」的工作，臺灣地處亞熱帶，氣候高溫潮濕，文物保存不易。臺師大自十年前開始修復典藏作品，這是一項科技與藝術結合的工作，帶我們從中導讀藝術家獨特的創作軌跡及畫作故事，並呈現修復與藝術之間的對話。

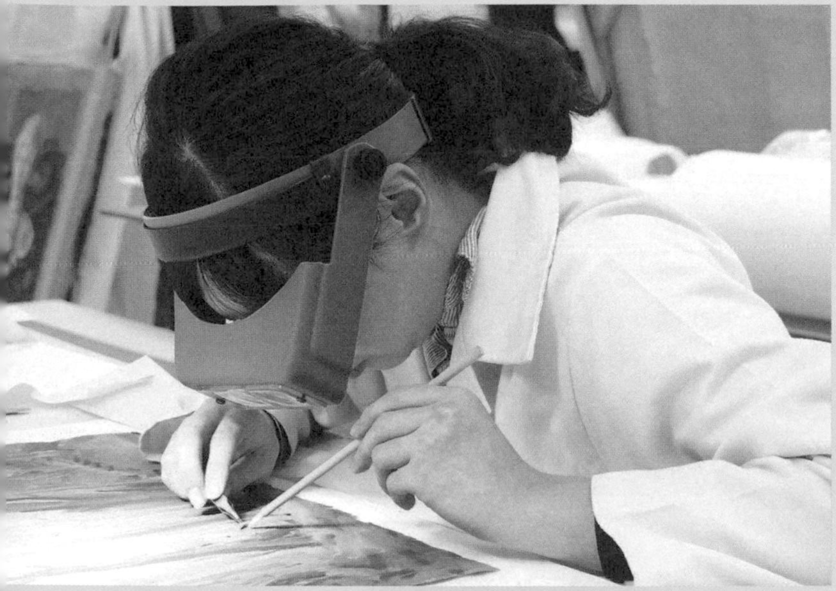

上　師大擁有一流的名畫修復人才
下　師大文保中心已經成功搶修畢卡索、雷諾瓦等名畫

率國內大學之先　臺師大成立新創控股公司 金仁寶董事長許勝雄領軍　提供師生創業各項資源及輔導

國立臺灣師範大學於二〇一八年一月十六日成立國內大學第一家產學合資投資控股公司「臺師大新創控股事業股份有限公司」，由金仁寶集團許勝雄董事長親自領軍，擔任控股公司董事長，股東陣容堅強且多元，包括上市櫃企業金寶電子、昱晶能源科技、威潤科技，及國內磁性材料龍頭秀波集團、教育產業南一書局、生化產業承德油脂李義發董事長、臺灣美耐皿黃清章董事長以及育達科技大學董事長王育文等校友，將提供提供師生創業各項資源與輔導，帶領臺師大新創團隊，以「師生共同創業」、「跨領域優勢」、「跨境優勢」、「社會責任」等模式，邁向國際創業舞臺。

張國恩指出，近年來各校大力推廣產學合作，提供學生學習未來就業技能，縮短所謂產學落差，或許提高國內既有企業之競爭力，但對國內產業轉型，似乎幫助不大。細看世界各先進國家，唯有創新、創業才能真正改變臺灣產業環境，進行產業轉型。因此他認為，創業除了創意之外，更需要的是資本以及經驗的傳承和累積，目前國內青年與學生創業最欠缺的往往

是資金，礙於國內投資環境與各項投資限制，無法形成真正的天使投資環境，導致創業者無法取得創業營運所需資金，空有各種創意，但是一啟動創業，可能馬上面臨失敗的考驗。

張國恩強調，身為臺灣高教師培體系龍頭的國立臺灣師範大學，早已轉型為綜合型大學，並邁向跨域整合型大學（Trans-disciplinary Intergrated University），產學合作成果除名列國內大學前段班，所培育出之畢業生亦廣受國內各大企業所重用，可見臺師大不僅轉型有成，更培育許多跨領域與跨產業之人才。

如今站在世界創新創業浪潮之下，參考國內外各大學投資青創之優缺點，臺師大領先國內各大學，與國內各產業之優秀企業，合資成立「臺師大新創控股事業股份有限公司」，投資輔導師生創業，為臺灣培育扶植世界級的獨角獸企業。

臺師大專屬的創業投資輔導模式更具有四大特色：

特色一、師生共同創業：青年學生雖然具有無限創意，但在本質學能、技術與學理基礎研究多有不足，而學校教授與老師沉浸於學術研究與教學，不太可能進行創業；臺師大規劃透過鼓勵師生共同創業，提供創業資源，由青年學生在前衝鋒陷陣，教授老師在後補給支援，形成完美創業團隊。

特色二、跨領域優勢：隨著ＡＩ人工智慧崛起，但如何加值應用（PLUS）於終端裝置，亟需人文社會科學等跨領域整合，臺師大的優勢在於教育、藝術、文創、科技、運動等，所培養出來跨領域的學生，在未來各種創業場域，將是最具競爭優勢的人才；同時不同產業與不同領域的股東結構，亦將提供多元化資源與實務經驗，對於臺師大創業團隊更是一大助益。

特色三、跨境優勢：臺師大為國內最國際化之大學，擁有最多世界各國來臺之國際學生，國內外師生透過日常交流，不僅具備各國人脈，更讓師生更具國際觀，欲成為獨角獸企業勢必進入國際市場，臺師大具備的國際人才將是企業進軍世界盃的一大優勢。

特色四、社會責任：創業過程其實耗費許多人力、大量資金與各項資源，一旦創業失敗，就形成國家社會各種資源之浪費；臺師大透過控股公司進行創業投資，因兼具股東身分外，為避免投資損失，除規劃透過學校創業學程結合產學資源針對新創團隊進行輔導，亦透過多元的股東結構，提供各領域產業經營實務與資源整合，提高團隊創業成功之機率，而成功創業之團隊除透過產學合作，持續與學校進行合作與人才培訓外，並可對新的創業團隊進行投資，形成良好創業文化與生態系統，同時建構出學校永續經營之基石。

臺師大也發表十三項師生研發成果與具潛力的創業團隊，包括教育心理與輔導學系宋曜廷教授團隊之華語文教學科技、劉子鍵教授團隊之注意力診斷系統、工業教育學系洪榮昭教授團隊之教學遊戲系統、生命科學學系鄭劍廷教授團隊之藍金物質生醫產品、運動競技學系相子元教授團隊之智慧型動態壓力科技、工業教育學系洪翊軒教授團隊之節能系統、光電科技研究所謝振傑教授團隊之光學檢測系統等。

突破傳統思維

Chapter 12

用人哲學

不是師大校友，也非師範體系出身的張國恩，在二〇一〇年接任師大校長時，打破了自一九七八年以來，師大校長都「系出師大」的傳統。過去由「師大人」出任師大校長，因為教育人最懂教育，師大為臺灣教育界培育了最優秀的國高中師資，但也讓外界對師大貼上「傳統」、「保守」的刻板印象。

他的領導風格，可以從他的用人哲學看出脈絡。一般大學的總務長多數由工程背景的學者兼任，張國恩大膽任用設計系的學者出任總務長；一般大學的學務長可能傾向由有心理學、諮商輔導背景，他卻找音樂、體育專長的學者來和學生博感情。

膽大心細的用人哲學

當然，張國恩用人哲學不僅是「膽大」，也要「心細」，會有一段觀察期，了解一個人的特質與長處。像是設計系教授許和捷，他的專長領域在視覺藝術創作、文化創意、視覺設計，讓人很難跟總務處掌管的修繕、採購、工程聯想在一起。在他擔任文創中心主任時，張國恩覺得此人很有創意，「我對主管任命都是觀察過再讓他試試看，可是我敢換人。嘗試不好就換人，可是我的眼光滿準的，有換過人，但比率不高」。

張國恩用人之道，不用傳統思維，這也是臺師大從傳統師資培育大學，蛻變為全方位發展的綜合型大學的原因之一。

他有個妙喻，純工程背景的人當總務長是「小題大作」；設計背景的人則是「大題小作」。以前建築的外牆要貼磁磚，現在改用油漆，省錢又美觀。甚至連拆圍牆都是一門藝術，不能隨便拆。跟宿舍、建築整合的圍牆可以拆，可以把建築當作牆；背後沒建築物的圍牆就不拆，兼顧校園的安全。他解釋拆牆哲學是「把死角變少」、「把校外變校內」。

學音樂和體育的來當學務長

張國恩聘任過兩位學務長，一位是音樂系的林淑真，一位是體育系的張少熙。臺師大有公民教育與活動領導學系、教育心理與輔導學系，但張國恩沒有從這些系去找人才。音樂系出身的林淑真勇於任事，她規畫健康中心委外經營案，過去學校每年投資一千萬在健康中心，採購藥品有保存年限，很多藥效期一到就要丟掉，現在不但不需要花一千萬元，還有房租收入，「這要有創新思維，又能膽識過人，沒有這位音樂系學務長林淑真根本做不到。」

林淑真在學務長任內，主要建立組織架構和解決組織調整問題，包括規畫專責導師制度，任務完成之後，因年紀也大了，加上要培養學校未來經營人才，張國恩讓她回表演藝術研究所。繼任者是體育出身的學務長張少熙，他跟學生溝通能力很好。

臺師大的學務處在臺灣高教界名聲響亮，連對岸的大學都來「付費取經」。陝西師範大學和華中師範大學一來就是一個學期，來學臺師大的學務系統。儘管對岸大學是來學習的，張國恩卻對他們非常佩服，讓他有感而發說，「我們臺灣真的不能高高在上了！」

張國恩說，大陸的人來這裡姿態多低，北京大學全球排名在臺師大前面，來臺灣考察絕非走馬看花、蜻蜓點水。北大參訪團來看臺師大學務怎麼做，整整花了一天時間；還有一回來看新生訓練，「我們辦四天新生營，北大參訪團足足跟了四天」。

對岸大學如此用心觀摩，是否擔心他們學回去之後會超越臺灣？這點張國恩倒是完全不擔心，以他多年對大陸高教的觀察，要把臺師大的學務發展方式移植到大陸，存在著兩個大關卡，一個是人的因素，一個是社會文化不同。

行政創新提案　全體總動員

行政體系的創新與積極作為，是讓臺師大蛻變的火車頭，張國恩深闇此理。他向校友募款舉辦一項行政創意競賽，行政同仁只要提出對學校行政改革或行政流程有任何改善的提案，就發給獎金。結果投件數有一百多個，選了九名。但沒入選的提案也很有意義，像是有人提案規畫在進修推廣學院旁邊機車應該怎麼停，也規畫出路線圖，張國恩覺得很好。

他裁示，即使沒獲獎的提案，統統列出來在行政主管會報中討論，可行的馬上做，有的需要編預算再做，都予以列管。行政同仁的提案只要獲得採用，就讓他放一天榮譽假。

創新提案不只在獲得各類好的意見，也可以經由關注學校的發展而建立對學校的認同感，同時也因為近年來臺師大的蛻變讓行政同仁與有榮焉，使得他們願意為學校付出，並也得到成就感。

學校的資源有限，又受限於公務預算的限制，能給實質的獎勵也不多，但張國恩都會盡可能讓行

林口校區擁有先進的資訊科技教育大樓

政同仁感受到學校的好意與對同仁的尊重。例如，林口校區要蓋資訊教學大樓，預算有七億多元，總務處訂的底價也六億多元，張國恩另外請一位管工程驗收的行政同仁估算底價，他很會精算，工程底價變五億多元，結果真的以五億多元標出去了，幫學校省了兩億多元，張國恩就讓他放了七天榮譽假，他很高興。

九百坪土地　北市府禮讓

臺北市臥龍街有一塊地九百坪，就在國立臺北教育大學旁邊，後面是臺灣大學，但那塊地現在是臺師大的。那塊地原本是國有財產局的，一直當停車場用，臺北市政府有意爭取那塊地。張國恩就跑去跟臺北市政府談，那塊地讓給臺師大蓋國際學舍，一、二樓營造文化氛圍，增加臺北市的國際化，後來那塊地無償撥用給臺師大，教育部已核准下來蓋國際學舍。

臺師大能爭取到那塊地，全是保管組長的功勞，她發現有這塊地，建議學校可以怎麼爭取。當

師大國際學舍將扮演招收國際醫留學生的重要角色

師大將在臥龍街興建國際學舍，扮演招收國際留學生的重要角色。

時他還只是代理組長，張國恩馬上升他當組長。公務體系只要當上組長，一輩子都不能降級，對於採購組長、保管組長，張國恩是完全的信任。

用人之道的改變，有助於促進組織人事的活化。過往從組員升編審時，只看年資不看表現，大家都輪資排輩。張國恩打破這項傳統，組員必須提出自己工作經驗，來證明有能力擔任編審職位，完全不看年資。

這項改變，促成了行政人員開始有輪調制度，組員為了證明自己有能力，就開始輪調到別的單位。這樣對同仁自己也好，可以不斷的成長。人事制度的擾動，開始一定都有阻力，但張國恩一步一步地化解阻力。

突破考績形式主義　帶動團隊績效

臺師大的考績制度也跟別人不一樣，臺灣公務員考績打法，一般是百分之七十五打甲等。張國恩說，以前各處室交的考績都長得一樣：百分之七十五甲等、百分之二十五乙等。事實上，乙等考績是用輪的。張國恩決定打破打考績的形式主義，改為各單位第一輪只能分配到百分之六十的甲等，剩下百分之十五甲等員額是按照團體績效來分配。學校自行依據平衡計分卡的原則，設計出一份評分基準卡，裡面涵蓋各處室的管考績效，再按每個單位的績效作出排序。

團體績效的評定也講求公開透明。每年年初，每個單位都要提出三到五個要推動的亮點業務。張國恩說，亮點業務貴在精實，不要貪多嚼不爛。到了年底，他把各院院長全部找來開會，一起檢視各單位亮點的執行力。先由各處室首長親自做業務亮點報告，張國恩會邀校務顧問也來聽，再由校長、三位副校長及校務顧問來打各單位的團體績效排序，再去分配剩下百分之十五甲等員額考績。結果，有的單位同仁的考績，百分之百都是甲等；有的單位則只有百分之六十是甲等。

這樣一來，各處室的考績落差就出來了，不再是齊頭式的假平等。一開始大家都不相信張國恩會這樣做，幾年下來，現在最頭大的問題是，每個單位的表現越來越好，區別也愈來愈難，但也利用考績制度的改變，把團體的效能帶動起來。人事系統的電腦化，也是學校自己研發的，不是買現成的軟體系統，慢慢地調整，才有現在的文化。

張國恩腦海中還有源源不絕的行政創新構想，有件事他想了兩年，希望讓女同仁每個月可以有一天在家工作。他認為，校務行政全部都已電腦化，可以上網簽公文，不必到學校上班，在家可以完成工作，又可照顧到家庭，只要在家on-call，手機開著就可以。

禮聘退休教授　為臺師大作出貢獻

「人性化」是張國恩重視的用人哲學。他到國外看過，公務員快退休了，年紀大了，可以在家上班，可是薪水降一點，國外高科技公司更是可以讓員工在家工作。張國恩禮聘幾個院士級教授回來專任，因為已經領月退俸，重返國立大學任教薪水有上限，學校一年只要花三十幾萬元就可聘到大師級教授，但學校提供研究室，甚至重新建一個實驗室，可以做研究拿計畫，讓退休教授繼續發揮所長，他們也很高興。退休院士的國際人脈關係，也成為學校重要的資產。

張國恩聘「現代水墨畫之父」劉國松擔任臺師大講座教授，一年薪酬才三十幾萬，但劉國松捐給學校的兩張畫作，價值就高達五百萬元。二〇一六年十月，劉國松當選美國文理科學院院士，為臺灣首位在藝術與人文科學領域的院士，也是第一位華人畫家獲得如此殊榮者。他獲美國院士獎，大家都知道他從臺灣師大來的。

學校組織變革與標竿學習

Chapter 13
蛻變的兩大關鍵：

為了落實大學企業化管理，張國恩也著手進行組織調整的實驗，除了行政組織調整，也在各單位成立中心，採取執行長制，先試辦一到兩年，如果中心執行績效良好，要列入正式組織，就向校務會議的委員報告試辦成果，經過校務會議通過後，就成為常態組織。

包括公共事務中心、全人教育中心、宿舍管理中心、就業輔導中心等，都採執行長制，類似CEO，有的執行長是到業界求才，跟產業有連結，薪資結構脫離公務人員，更有彈性，強調績效，會有績效獎金。例如，公共事務中心負責孔子行腳，若因此吸引大陸學生或國際學生到臺師大進修推廣學院或國語教學中心上課，就可分配到績效獎金。

行政翻轉：從傳統組織到績效組織

臺師大校內超過半數的行政人員是約聘雇人員，比率已超過公務人員，但在臺師大，約聘雇人力並非派遣人力，甚至還會向企業徵才。

以前約聘人員沒有升遷制度，張國恩建立一套升遷制度，設督導、高級分析師等十五個職等，這套制度讓約聘雇人員的績效大為提升，因為有升遷管道，也會加薪，因此流動率不高。約聘雇人員畢業自各大學，但對臺師大有高度的認同和向心力，張國恩說，希望他們把這份工作當作一輩子工作，學校不會輕易解聘約聘雇人員，除非是犯了很嚴重的錯誤。

各行政單位的人員編制及薪資支出，都由校務基金處理，很高比例由自籌經費支應。教育部一年只補助臺師大十七億到十八億，可是臺師大一年校務支出要五十八億元，學校約要自籌三分之二。臺師大一年的人事費支出約二十五億，也就是說，教育部一年給臺師大的公務預算，只相當於人事費的七成。

由於約聘雇人員表現得很專業、積極、也講求績效，對臺師大的公務員文化產生「鯰魚效應」，讓其他公務員也跟著動起來，也表現得很好，也要講求績效才能升等。

很明顯的改變是僑大先修部的公務人員，因為位於林口，沒有感受到臺師大校園文化的改變。在約聘雇人員發揮鯰魚效應下，僑大先修部的行政人員心態完全不一樣，比以前更有績效。如果發現極少數仍「安於現狀」的公務人員，就把他調到校本部歷練，就近看管，有人如果不適應臺師大的績效要求，就會自行請調到其他政府部門服務。

學術翻轉，強化院系所國際競爭力

學校組織變革除了行政單位的彈性調整之外，另一個重點是系所組織的變革。現在臺師大只有少數的有獨立研究所，儘量虛級化，併入原來的母系，甚至是一系多所的資源整合，例如，教育系本來有兩個獨立所，現在已整併為一個單位；有的是形式有獨立所，那是為了招生，實質上則是和系一起運作。

再如管理學院，以前有兩個研究所和一個系，規模不大。可是國外的管理相關單位都是整合成「professional school」（專業學院），所以臺師大也效法國外管理學院的做法，改為專業學院，所有老師與各類資源全部歸屬於院，而做有效率的統合運用，整個專業學院只有一個院長，底下系所單位不設所長、系主任等主管，全權由院長負責。

除了成功整併的管理專業學院外，又建立了生命科學專業學院以及學習科學專業學院。這有很多好處，除了節省人事費、資源有效運用、行政效益又提高，對外進行國際合作時，專業學院比單一系所更有競爭力。

張國恩推動臺師大學術組織變革，展現決心和績效。一般而言，國立大學尤其是傳統名校，要關掉任何一個系所都很困難，張國恩卻把臺師大政治研究所關掉，因為連續兩次評鑑沒通過，就把政治所併入東亞系。張國恩認為，獨立所最大的問題是，人員規模小，如果老師的觀念不一樣，再分成兩派的話，這個所就很難發展。

張國恩也對於同性質的不同單位（如應用華語系、華語文系等）做整併，也將一些較無競爭力或招生狀況較不佳的系所做適度的調整。為了讓學校更具競爭力與學生未來更具就業力，近八年來共調整、整併、改名與增減了約二十次的學術單位。

軟硬兼施推動組織變革，壓力一肩扛

要進行教學組織變革，需要軟硬兼施。一開始，校內有不同意見，張國恩先在校務發展委員會提案，一般校務發展委員會是被動的，沒有人提案就不會去管，但只要行政單位和校長肯提出組織精簡的案子，校務發展委員會通常會支持，因為可以提升大學的競爭力。決議之後就由上而下處理。校方再找系上支持組織調整的教授去溝通，讓贊成的聲音被更多人聽見。

通常校務會議通過組織調整案，到正式成立往往需要二、三年的時間，張國恩都很有耐心等到水到渠成。只要願意做組織變革的，學校就給資源，系所組織整併工程在師大能夠推得動，很關鍵的要素是，教師員額掌握在校長手中。

以前師大有設計研究所，美術系底下又有個設計組，工教系也有個室內設計組，就把三個單位整併成設計系，當初反彈聲音也很大，排除壓力的工作，由張國恩一肩扛起，現在回頭問他們要不要再分家，都說不願意。

教學組織的調整也會扣緊產業發展的價值，例如師大美術系和音樂系，原本各自都有理論相關組和產業相關組，就把產業相關組的特色加以擴大，在既有特色上，找到具有產業價值的部分，加強系所與產業的連結，這也是臺師大蛻變的一環，從表演藝術研究所增設大學部，表演藝術系就是在此思維下成立的。

①校長張國恩推動GF-EMBA的誕生，左為執行長夏學理。
②GF-EMBA具開創性，招收國內時尚產業界頂尖一流人才。

另外一個歷史悠久的師大工業教育系，長年來為技職教育培育很多師資，但現在師培的量減少了，而工教系早年培育的人才，不少進入業界服務，又具有產業價值，於是挪出部分招生名額成立車輛與能源工程系，工教系繼續做師資培育，車輛與能源工程系則為產業培育人才，校務會議已經通過，也報教育部同意，預計一〇八學年度可以招生。

看準老人經濟的趨勢，臺師大在運動與休閒學院成立樂活產業ＥＭＢＡ，以在職專班形式招生。過去教師在職專班大量萎縮，因為在職教師都拿到碩士學位，這看在張國恩眼裡，危機也是轉機，他迅速作出反應，把教師在職專班的招生名額，轉到其他產業的在職專班。現在師大除了有ＥＭＢＡ班外，也設了國內唯一的國際時尚ＥＭＢＡ與樂活產業ＥＭＢＡ，這也是張國恩結合師大特色與優勢發展出具差異化的ＥＭＢＡ班，而且也可培養跨域人才。

建立標竿學習典範制度，全校總動員

學校組織整併後，如何進一步追求卓越，張國恩建立「標竿學習」的典範制度，更難能可貴的是，臺師大的標竿學習是全面性地推動，不只是行政單位和各系所和學院要有標竿學習，連宿舍管理委員和工友也有機會到國外參訪，做標竿學習。

張國恩說，標竿學習不是把國外標竿學校所有制度全面引進，而是只針對與臺師大發展特點有關的部分做標竿學習。因此，標竿學習對象包括國外多所大學，例如臺師大以美國賓州州立大學（ＰＳＵ）為標竿學校，只針對行政、教育、領導，與網路大學做重點標竿學習。英屬哥倫比亞大學也是臺師大標竿學習的對象，則是針對校務發展和教師評鑑做深入標竿學習。學院的標竿學習對象也不只一個，例如臺師大教育學院就以英屬哥倫比亞大學教育學院，以及香港大學教育學院，做為標竿學習對象，同時教育學院內每個系，都要找與該系相關的國外大學學系做為標竿對象。

行政單位每年由副校長領導帶隊到標竿學校訪問。出訪前都要先做功課，要去學習什麼？想解決哪些問題？你要請教對方哪些問題？先把問題列出來後寄給訪問學校，詢問對方是否願意指導，對方願意指導時再出國訪問。通常，國外學校知道自己成為臺師大標竿學習的對象，都很樂於指導。出訪回國後要做報告，敘明此行參訪之後，標竿學校哪些作為是可以學習的，有哪些可以應用在各處室的工作，並且要在列出做法之後，就列入管考系統。

譬如說，圖書館出訪前，要先診斷、詳列目前圖書館經營管理的問題，想要解決什麼問題，標竿學校的圖書館是怎麼做的，你要先知道，實際到標竿學校參訪，是為了驗證對方是怎麼做，回國後，也並非把標竿學校的做法全盤移植，而是要整合評估本校情況，哪些可行、哪些不可行，可行的部分則列入未來的計畫，而且都要列入管考。

推動質性教學評鑑　老師不怕當學生

標竿學習出現很大的成效，像是學務處去賓州州立大學看他們怎麼辦理新生訓練，回來後就把臺師大傳統只辦一天的新生訓練，改為辦理四天三夜的「伯樂大學堂」。

與標竿學校深入互動之後，他們更願意分享成功的秘訣。像是英屬哥倫比亞大學和賓州州立大學教育學院，就傳授募款的經驗和做法。他們都有兩組人員，第一組人是專門建立關係，不做募款，與可能觸及的募款對象建立關係，平均要花兩三年時間；第二組人專門做募款，等第一組人建立好關係時，第二組人才去接洽募款。做關係的不能去做募款，做募款的不能做關係。

但是，募款是要花成本的，募款的成本很高，約占七八成，交朋友、建立關係是要花成本的，募得一百萬元中，成本少則占三十萬，多則七、八十萬元，張國恩認為，國外大學募款系統的做法，引到國內是行不通的，因為國立大學的公務預算，無法核銷因募款所產生的支出。

英屬哥倫比亞大學的副校長Anna則是指導臺師大做「質化」的教學評鑑。以往學生為老師做教學評鑑時，只是勾選滿意度的等第，在最後提出對老師的評語，這樣的設計會讓學生以直覺的方式勾選。

然而為了讓學生更精準與負責任的態度完成教學問卷，我們將問卷題目減少，而且要求學生只要是勾選偏向負面的選項，一定要寫出不同意的理由，增加質性描述，這樣設計的目的是在培養學生有所本與負責任的態度。

張國恩認為，教學評鑑有其必要，可以提供教師教學的反省，但不會影響升等和考績。而且學校在處理學生回饋的教學評鑑資料時，會把最低分的排除，此舉是鼓勵老師據實對學生作學業上的要求，不要因為害怕被學生在教學評鑑時會報復，故意把分數打低，而不敢當掉學生。

但是，兼任教師若是連續兩年評鑑分數都低於三・五分，就不再續聘；專任教師若連續兩年評鑑都不到三・五分，則要調整課程，如果同一門課連續兩年都不受學生歡迎，老師自己也會覺得不好意思。臺師大總共有一千多名專兼任教師，連續兩年評鑑低於三・五分的，不到五位。

教育部最近取消系所評鑑，但師大還依然做系所評鑑，但轉型成形成性評鑑。每一系所皆有標竿學習對象，各系所的標竿學校，不能找比自己差的，一定要比自己好，但也不能找遙不可及的標竿學校，而要能在五年內可以達到的，由各系自行參考標竿對象，指定出所要學習的指標，這些指標就列入評鑑項目。

每次評鑑完成後，要求評鑑委員就大方向提出三至五項的描述性改進建議，使系所能在未來依據此些建議做改善或發展，學校也將組成校級委員會做追蹤以督導系所的改善與進步情形。利用形成性評鑑可讓學術

加拿大英屬格倫比亞大學學術副校長Dr.Anna Kindler親自來台上課

單位與國外學術單位接軌，並找出實質上的進步方向，而不是以往費人費力地應付式的形式化而無意義的評鑑。

聘美國賓州州大教育學院院長為臺師大講座教授

加拿大英屬格倫比亞大學副校長Dr. Anna Kindler代表UBC與臺師大簽署合作協議

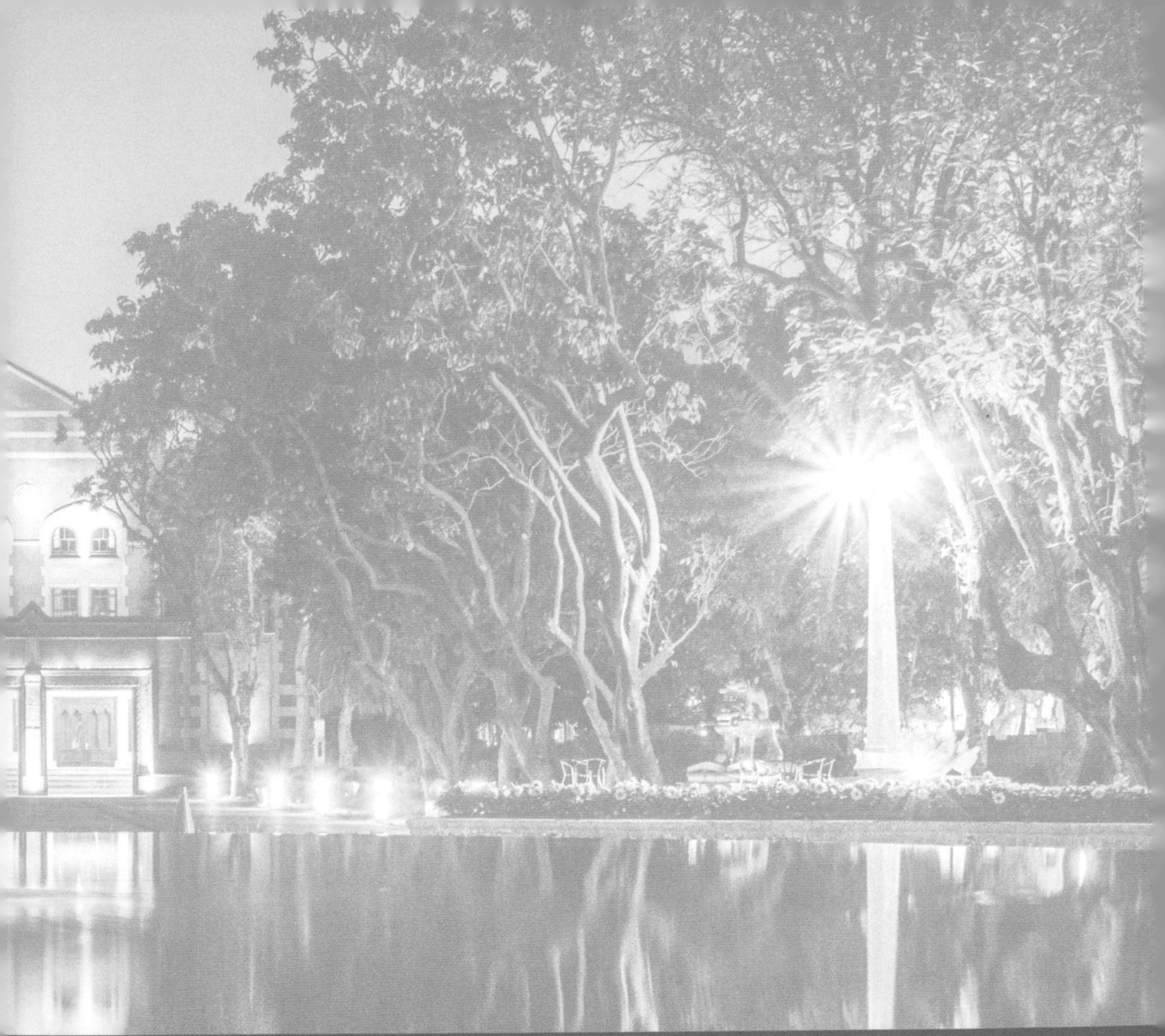

對岸來取經

Chapter 14

績效管考聲名遠播

「大學不是企業管理化，而是要做到企業化管理。」張國恩認為，大學企業化管理很重要的一步是建立績效管考制度，臺師大的管考制度聲名遠播，連大陸的大學都跨海來取經。

重大工程進度一定列入管考，包括新建大樓、專案工程、金額一百萬元以上的計畫案都列入管考。此外，校務發展計畫通過之後，交付各單位執行，馬上就列入管考。每個月召開一次管考會議，校長、三位副校長和各單位副主管參加。

秘書室底下設管考小組，在每次開管考會議之前，管考小組負責整理三項重點，一是進度沒達到，二是管考系統資料填不完整，三是執行後發現做不到的。每月召開的管考會議講求效率，只聚焦討論這三項，管考全部納入電腦化管理。剛開始推動時，各處室感到很大壓力，因為從來沒做過，而且跟團體績效綁在一起。

建立管考制度　校長先以身作則

管考會議本身也講求效率，每學年初始，各單位要報告今年亮點計畫三至五項，經過主管及顧問會議同意後，就列入管考，每個月由各系所、處室副主管參加管考會議，到了年底則由主管親自做亮點計畫報告，校長、副校長和校務顧問都來聽，報告時

主任秘書林安邦是協助校長推動行政管考的主要推手。

都要懂得行銷，把自己所提出的三至五個亮點計畫如何落實，達成哪些成果，說得非常精彩，因為這攸關各單位的團體績效，提出亮點計畫的優點是，整個師大的發展特色與重點就凸顯出來了。

管考制度要施展開來，張國恩先要以身作則。他把選校長時提出的所有政見都化為工作，和校務發展計畫整合列入管考。第一任四年任滿時，他的政見績效達成率百分之九十五。他說，「我自己帶頭也要被管考，政見不亂講，是講真的，有在兌現，不開空頭支票。」

大陸學校來取經　要付費學習

臺師大領先各國立大學，唯一做績效管考，這套管考系統有很多單位來取經，中國大陸的華中師範大學也派人來學習，派一個人長駐在臺師大，跟著臺師大行政部門一起上下班，每次來都待了一學期，前後來了兩學期。

「大學落實企業化管理，就是要講求績效。」張國恩把企業化管理的做法帶進校園，很多單位都有成本概念，能賺錢的就盡量賺錢。臺師大學務處的一些做法，大陸很多人都要來參訪學習，一律比照境外生繳學費，但臺灣的學校來參訪學習不會收費，歡迎友校盡量來觀摩交流。以前僑生先修部辦大學博覽會的

師大行政團隊帶領師大不斷創新

成本是臺師大自行吸收，現在其他學校要來設攤則要收費。其實，收費倒是其次，最重要的是，張國恩希望藉此讓同仁都能夠有成本的概念。

臺師大所有會議的決議也列入管考，不再議而不決，決而不行，每次會議要先報告上次會議決議的執行情況，還要註明執行率是多少，包括大至行政會議、校務會議、教評會等、小至各處處務會議、環境安全會議等的執行情形和執行率，都列入管考。

孔子銅像絕不能移走

會議決議也要管考，起源於蔣公銅像

張國恩決定將校內各種會議的決議納入管考，讓人意想不到的是，這與「蔣公銅像」有段淵源。前前任校長任內的校務會議，曾作出決議要把蔣公銅像移走，但都未執行。張國恩上任後，先找藝術學院院長討論如何處理，蔣公銅像是美術系老師於一九六五年完成的藝術品，怎麼處理很棘手。若是直接執行上上任的校務會議的決議，由於事隔已久，校內不見得大家都知道此事，於是他重新在校務會議提案，再次確認要移除蔣公銅像。

接下來，如何執行移除蔣公銅像的決議案，則要靠智慧。移除的時機很費思量，最後選在暑假期間進行，那時候大四學生已畢業，大一新生還沒入學，校園裡學生的人數最少。先把蔣公銅像從校門廣場移開，放置在校園一個較不引人注目的角落。然而，最初設計銅像時，是立於高處，因此蔣公銅像的視線是俯視的，一旦移到平地時，眼睛向下看，變成很後悔的樣子，感覺對他不尊重。於是又提交校務會議討論，因銅像是美術系教授的作品，最後交由美術系當作藝術品保管。

兩個校慶，尊重歷史與在地建設

蔣公銅像移走後，臺師大校園裡內除了孔子銅像之外，不再立任何人物的銅像。「孔子銅像絕不會移走！」張國恩強調，對師範大學來說，孔子銅像有其教育的意義。

臺師大前身、日治時期的臺灣總督府臺北高等學校（一九二二－一九四九）的日籍校友做了一個銅像，是一個身穿日本高校制服的高中生攸哉的坐像，希望裝置在校門口，但張國恩擔心這恐怕引發爭議，不同意在校門口放置一個日本高校生的銅像，但又要尊重臺北高校的歷史，最後決定放在圖書館八樓的臺北高等學校資料室，照樣可以開放自由參觀。

目前臺師大校園裡，除了孔子銅像之外，還有一個太極銅像，因為不是特定人物，就沒有問題，臺北高校生銅像有政治意識形態的問題。但臺師大校園裡有個「自由自治鐘」，是臺北高校日籍校友所捐贈，張國恩認為，自由自治很符合大學的精神，因此設立自由自治鐘，並沒有爭議。

師大校內有老師希望把臺北高校時期的歷史延續下來，但也有人反對，面對校內不同的聲音，張國恩很高明地把日治時期的臺北高校校史，定位為「在地建設」，因此臺師大每年有兩個校慶，六月五日是慶祝臺師大校慶，四月二十三日則是紀念臺北高校的校慶。

張國恩說，從歷史的角度、與這個地方發生的事的角度，以及國際化角度，兩個校慶都慶祝、紀念，各取所需。

台北高校生銅像

自由之鐘－自由・自治

大學行銷之道

Chapter 15
回歸教育本質

少子化浪潮襲擊下，愈來愈多大學也在重視行銷，邀媒體記者到校園採訪，希望透過媒體曝光度，加深外界對大學的印象。臺師大也不例外，曾舉辦學生的星光大道，以歌唱及變裝走秀等演出，吸引媒體的報導。

張國恩接任校長後，重新思考大學行銷的做法。以前以為只要辦活動，讓媒體來報導就是行銷，他認為，值得媒體報導的大學新聞，一定是有意義、能表現學校特色的活動，而且是真實的活動，不能是為了讓媒體拍照創造出來的活動。

從「有上新聞」到「上有意義的新聞」

以前只要有上新聞就好，但這對凡事都從教育意義的角度思考問題的張國恩來說，那不是有效益的大學行銷手法。他開始做調整，從「有上新聞」到「上有意義的新聞」，這個轉變，也讓外界看得見臺師大的蛻變。

大學行銷的蛻變，並非全盤否定過去的做法，而是引導到對的方向。像是，臺師大親善大使要有臺師大的特色，應該跟別的學校不一樣，不能以貌取人，要回歸到學習本質、服務態度與學生表現上。「要讓學生當親善大使時，能學到很多東西，像是好的服務態度和專業的素養。」張國恩表示，親善大使也扮演行銷學校很重要的角色，學生表現，就是學校教學成果的具體展現。

親善大使校內外受歡迎　下一步走向國際化

張國恩剛上任時，學校很多師長對親善大使有很多意見，甚至學生之間也是冷眼冷語的；在張國恩要求親善大使「回歸學習本質」之下，學校為親善大使辦理多元培訓課程，教應對進退、冒險、創意、凝聚共識等。如今親善大使展現出良好的服務態度、專業形象，以及對學校建設和歷史的深入了解，後來，師大校

師大親善大使團隊

慶、畢業典禮、外賓來訪時，都可以看到親善大使的身影，各系所辦活動或會議，也都競相爭取親善大使的服務，學生們自己也會去找親善大使的接班人，代代相傳，形成優良傳統。

參與親善大使的學生，有熱情服務的精神、工作態度良好、應對進退合宜有度，這些特質和能力，讓他們在日後求職面試幫助很大。然而，張國恩認為親善大使還可以加強國際化，已有日本、韓國、大陸學生加入親善大使行列，他希望能增加更多國家的外籍生加入，「國際化是師大的特色，若外賓來訪時，看到自己國家的學生出面接待，感受會很不一樣。」

大學行銷　教授成就比校長更有亮點

「傳統學校蛻變，大學行銷很重要！」過去負責師大行銷的單位是公共關係室，行銷的重點則是包裝校長。張國恩上任不久，就跟公關室同仁強調，「大學行銷不應以校長為最主要，而是應該以學校的教學與研究成果為行銷主體，因為學校任一位師生與校友的成就，就是學校的成就。」後來，他也做組織調整，將公關室併入秘書室，更名為公共事務中心，全方位地負責包含師生、校友與學校友人之各類事務的服務與大學聲望的提升。

張國恩認為，大學行銷也要全面性，以前比較重視對外行銷，對內行銷沒那麼重視。由於他要求大學行銷不能再以校長為主，公關室就要主動挖掘學校的亮點，開始注意老師成果，而且老師的成果絕不能是曇花一現的，而是經過長時間驗證的成果，老師研究成果的行銷，才能代表大學的學術價值，張國恩指示同仁做學校行銷工作時，「老師成就比行政亮點更重要！」

生命科學系教授吳忠信的蝙蝠研究，就是明顯的例子。他投入臺灣蝙蝠回聲定位研究長達二十年。採集臺灣北、中、南、東部不同地區蝙蝠的糞便，分析其中的金屬含量，發現北部蝙蝠糞便重金屬，主要來自工業與交通排廢氣汙染，中南部蝙蝠糞便中環境毒物主要自農業汙染。並且發現過量的農藥及重金屬，會讓蝙蝠腦內的海馬迴與內嗅皮質的神經細胞受損，導致大腦內部定位導航系統及記憶學習功能喪失。此外，也會影響蝙蝠發聲、聽覺、飛行定向系統，造成蝙蝠「迷航」，無法順利找尋獵物、躲避障礙物，生存就會受影響。

而蝙蝠能幫忙吃害蟲、協助作物授粉，是「天然殺蟲劑」，對生態系有很大幫助。若蝙蝠持續消失，對農業是浩劫，這項研

106.01.12 自由時報 A14

2017年1月12日／星期四　自由時報　生活新聞 A14

大解密

蝙蝠銳減30萬隻 農藥、重金屬害的

〔記者蕭玗欣／台北報導〕蝙蝠迷航的秘密找到了！台灣蝙蝠數量從二〇〇五年五十萬隻銳減到二〇一四年的二十萬隻，減少的原因一直不得而知。台灣師範大學生命科學系教授吳忠信的研究團隊花了近四年時間，採集蝙蝠糞便，發現其體內殘留大量農藥及重金屬，破壞中樞神經及回聲定位系統，導致迷航蝙蝠無法正常捕捉昆蟲，懷疑因此大量消失在田野中，該研究成果登上國際期刊Neuroreport。

吃受汙染昆蟲 回聲定位系統被破壞

台師大教授吳忠信投入台灣蝙蝠回聲定位研究長達二十年，他表示，蝙蝠對農業提供高價值的生態服務，像是協助植物傳粉、防治植物病蟲害，世界上有一百多種果樹有賴蝙蝠播種及傳播花粉，台灣農園內也常設置蝙蝠屋，幫忙除蟲，蝙蝠糞便還可作為天然肥料，他舉例，東南亞榴槤都是靠蝙蝠授粉，如果沒了蝙蝠，有水果之王封號的榴槤，也會跟著消失。

吳忠信說，蝙蝠靠回聲定位抓蟲子維生，但近來因為大量農藥使用及重金屬汙染，蝙蝠吃下含有高劑量農藥益達胺的昆蟲後，中樞神經系統及回聲定位系統遭到破壞，嚴重時甚至無法正常飛翔，一旦蝙蝠無法在空中正常捕捉昆蟲或是躲避障礙物，許多蝙蝠就會逐漸喪失生存本能，他推估，這可能是蝙蝠大量消失在田野中的原因之一。

吳忠信指出，益達胺是台灣目前最普遍使用的農藥種類，主要用來殺蟲，過去認為益達胺不會傷害哺乳類，這次研究證明，昆蟲食用益達胺後，恐間接導致蝙蝠受害。

吳忠信團隊和國內藥廠合作，到全台各地蒐集蝙蝠糞便（夜明砂），他也發現，北部在翡翠水庫、北海岸一帶的蝙蝠糞便含有超量鉛、汞、鉻等重金屬，主要來自工業與交通排廢氣汙染；中、南部糖廠一帶，則發現蝙蝠的糞便中含有超量的砷、銅等重金屬，來自農業汙染；東部蝙蝠則測出錳重金屬超量。

吳忠信表示，透過這次研究希望能有助推動有機農業，否則農藥產生的影響仍會繼續危害人體。

台師大生科系教授吳忠信團隊採集台灣各區蝙蝠，發現蝙蝠吃下有環境污染毒物如農藥及重金屬的昆蟲，破壞其中樞神經及回聲定位系統，導致無法覓食。（記者廖振輝攝）

究成果，讓各界意識到問題嚴重性，以蝙蝠取代使用農藥，與周圍生物共存共榮，研究成果刊登在國際學術期刊Neuroreport。

行銷概念已內化為各系所的DNA

經由媒體報導，教授的知名度提升了，現在媒體只要報導蝙蝠相關問題，都會去問吳忠信教授。這些年來，臺師大學校行銷手法的轉變，已在校內產生質變與量變，以前教授多數保守，只

台師大智慧跑鞋
預警疲勞傷害

① 記者會

②③師大頂大團隊研發新一代智慧鞋 減少運動傷害 結合業界成立產學聯盟 提升運動產業國際競爭力

④ 自由時報－台師大智慧跑跑鞋 預警疲勞傷害

⑤ 自由時報－蝙蝠銳減30萬隻 農藥、重金屬害的

做好自己的教學與研究，不喜與外界接觸；現在變成愈來愈多教授希望學校為他辦記者會，學校還要嚴格篩選，覺得研究還不夠成熟的，就請他緩一緩再辦記者會。行銷的概念，已內化到各系所了。

即便是辦活動，也必須是有意義的活動，不是創造出來的活動，不是為了辦記者會而設計的一次性活動。以前安排學生走秀活動，那就是創造出來的活動，只要有上新聞就好；現在，臺師大辦記者會，張國恩都要求必須呈現有意義、有創意的成果，任何做法都要引導到正面的教育價值上。

官網與臉書任務有別，英文網頁獲世界銀牌獎

校訊、官網和臉書，都是大學行銷的重要管道，其中校訊和官網扮演學校的化妝師的角色，師大培訓一批校園記者，不只採訪報導學校自己辦的活動，只要是師大學生出去參加各類競賽，校園記者也會到校外採訪。

數位時代的來臨，網路行銷更是大學行銷很重要的一環，臺師大網站首頁行銷，結合校園記者，形象很正面，硬體及技術支援由資訊中心負責，但「門面」是公共事務中心統一管理，師大官網的英文網頁與中文網頁幾乎是同步，近年頂尖大

中文首頁

英文首頁榮獲QS-APPLE銀牌獎

學都致力發展國際化，但要做到學校官網中英文同步仍不容易，臺師大有翻譯研究所，每則新聞或校訊中文稿定稿之後，就請翻譯所研究生譯成英文，提供學生工讀和實習機會，還是扣緊學習和教育的本質。臺師大官網英文首頁，還榮獲QS-APPLE最佳國際網站世界銀牌獎的殊榮，是國內唯一獲此獎的大學。

幾乎人人有臉書的時代來臨，國內頂尖大學也紛紛經營臉書粉絲團，跟學生和校友搏感情，臺師大臉書在國內大學中人氣高居第一，按讚人數超過九萬人，打卡人數近一百五十萬人。

臺師大臉書的經營，則與學校官網作出區隔，官網的訊息是經過校內會議正式決議的，例如學校新措施、取消操性成績等。FB的特色是互動性強，可以用於分享媒體所報導或發掘出的關於臺師大的亮點新聞、學生表現、校友互動等，例如媒體報導臺師大學生參加空手道比賽拿第一，這類訊息就在臉書分享，臺師大的FB從不行銷校長的活動。

張國恩對不同媒體載具的特性有深入分析，他認為，FB行銷要避免爭議，凡涉及政治、宗教、意識形態、價值觀等容易引起正反意見交鋒、見仁見智等議題，就不適合在FB分享，以避免引起對抗衝突，不要來打筆仗。

官方粉書粉絲專頁

臺師大臉書粉絲團的定位很清楚，以學生表現為主，或是作活動宣傳，已成為師大校友和學生園地，這樣既不會引起衝突，又可達到行銷學校的目的。

近年來新媒體崛起，但張國恩很重視傳統媒體，因為傳統媒體已走向數位化，透過網路行銷到大陸及華人世界，臺師大這幾年在大陸知名度竄升，跟媒體行銷有關。

張國恩重視大學行銷的影響，除了凝聚了校園共識，各系所都重視發崛老師研究與教學的亮點，校內師生對學校的信心度也提升了，校友對學校的認同度也提高了。

危機處理兩大原則　師生榮辱與共

學校行銷工作力求正面效果，但危機處理也是大學行銷也要有的功能。危機處理重要之務是建立安全通報系統，臺師大的通報系統在二十四小時內，讓相關主管都要知道，第一線的專責導師也參與危機處理的工作。

面對危機及負面消息，張國恩堅持的原則是：只要是學校對的，絕不讓步；如果是老師和行政疏失，則要妥協。

例如校歌事件，有學生不滿校歌一段歌詞「臺灣山川氣象雄，重歸祖國樂融融」，認為「重歸祖國」，要求更改校歌。張國恩跟學生溝通說，校方尊重學生會的訴求，但校歌歌詞有其時代背景與歷史情懷，歌詞中「重歸祖國」是指抗戰勝利後，從日本統治轉換到中華民國，「祖國指的是中華民國，我們要尊重歷史」。

又例如，有碩士生向學校投訴，沒有一個教授要當他的指導老師。張國恩說，學生可能也有問題，才會沒有教授要指導他，但站在教育的角度，學校就要出面處理，如果系上沒有人肯指導，系主任就要親自來指導。

張國恩對於危機處理，採取兩個重要原則，一是不說謊，一是盡量在一天內處理掉。張國恩每天早上起床第一件事，就是蒐尋與師大相關的新聞，而公共事務中心則負責將每日輿情，都同步email給全校一萬多名師生，輿情內容不論正面、負面，都會傳送。

張國恩說，負面新聞也要讓學生知道，讓學生有所反思，榮耀與不榮耀，都要承受。

臺師大年年進步

Chapter 16
大學排名

教育部邁向頂尖大學計畫推動，兩期十年千億元預算，鼓勵各大學追逐國際排名，也讓各大學瘋狂累積SCI、SSCI論文篇數。「盲目追求論文數及世界排名，太多的教育理念都不見了！」張國恩早就洞察一味追求排名的危機，他說，「排名是必要之惡，可注意，而不可注重」，臺師大固然也注意排名，但不能忘失全方位發展。

邁向頂尖大學計畫的目標是十年內要有一所大學擠進世界百大，由於國際不少世界大學排名指標都著重學術論文發表，加上教育部將近十年論文受高度引用率篇數成長五成，作為計畫評量基準，導致各大學一窩蜂衝論文篇數、教授升等也過度強調論文。二〇〇二年到二〇〇六年、邁向頂尖大學計畫尚未實施前，臺灣論文數量僅七萬兩千六百八十七篇；二〇〇六年到二〇一〇年間增加至十萬七千三百七十五篇，二〇一〇年到二〇一四年間衝到十三萬五千五百五十八篇。論文數量幾乎倍增。

一味拚國際排名　怎麼栽培大師

張國恩說，過度強調論文指標，對全方位發展的綜合大學非常不利，也很不公平。「奧運拿金牌，對國際排名完全沒有幫助！」國際排名有個指標是「平均論文數」，張國恩感嘆地說，臺師大的特色領域如體育、音樂、美術，如果也去拚論文數量，怎麼培訓金牌選手？怎麼栽培大師級人才？

「體育系拿很多金牌對拚世界排名不但沒用，還會扣分！」張國恩解釋說，體育系老師的重要任務之一是訓練國家選手，你不能叫他去拚論文篇數，美術、音樂也是這樣，這些領域聘的教授愈多，若以拚論文績效角度來看，不僅沒加分，反而是減分。臺師大培養那麼多國際畫家，像劉國松拿到美國文理科學院院士，對臺師大的排名沒多大幫助。然而，張國恩相信，支持美術、音樂、體育等領域發展，不僅是臺師大的優良傳統，也是國家社會發展之所需。

二〇一七年春天，臺大發生論文造假事件沸沸揚揚，某種程度也是過度追逐論文指標的反噬，卻也促使教育部重新思考追求論文績效的迷思，教育部接續「邁向頂尖大學計畫」的「高教深耕計畫」也改變現行作法，除學術研究外，會朝「將資源導引回學生身上」方向落實。

其實這個大方向，臺師大早已走在教育部政策之前。張國恩接任校長時，就提出用電腦化做校務分析，來改善教學，這正是把教學資源有效導引到學生的正確做法。然而，諷刺的是，當臺師大提出這項前瞻計畫時，還被當時教育部找的評審委員質疑「校務分析跟教學卓越有何關係？」

臺師大決定走自己的路

「臺師大要走自己的路！」張國恩很有骨氣，他善於用大數據分析，校務分析只是其中重要的一環，教學改善不能憑感覺，一定要有所本。他也利用臺師大負責的大專生畢業調查流向，從大數據分析中發現一個值得關注的現象，那就是全國有百分之三十學生選讀的校系，是為老師和父母而選的，而不是他們自己要的。

看到這個數字，張國恩嚇了一大跳。百分之三十學生選的不是自己感興趣的系，雖然沒有超過半數，但從教育理論來說，百分之十的影響已經很大，尤其是大學選系，是學生一輩子的事，絕對不能輕忽。

看到問題，一定要想辦法解決，張國恩「即知即行」的性格，這百分之三十的數據，促成了臺師大退學制度的取消，以及轉系制度的鬆綁。因為大一學生很多是迷迷糊糊地考進來，等到進大學才發現學非所愛，讀了不感興趣，「這是學生一輩子的事！」

張國恩請各系所都要做課程分析，重新調整課程結構，規定各系必修加上選修最多是七十五個學分，原本是一百個學分，釋出的二十五個學分提供學生可以自由選修。如此一來，學生選課空間更寬廣，可以擇其所愛，愛其所擇。必選修減為七十五個學分，也為臺師大學生的跨領域學習，打通了任督二脈。

國內各大學跨領域學程已成為顯學，不少大學每新設某某跨領域學程，就開記者會發新聞稿，看似很熱鬧，看在張國恩眼裡，「我們都知道那是假的」。因為系所課程沒有鬆綁，本系必選修學分都修不完，學生不可能去修跨領域學程的課。

他曾大膽去跟教育部力爭，通識課程一定要二十八個學分嗎？難道不能鬆綁嗎？教育部不能鬆綁，山不轉路轉，臺師大走自己的路，自己轉變，在一般大學首創先例，開出六個學分的技職課程，含在通識二十八個學分內，培養學生動手做的能力。只要是對學生有益的事，張國恩一定百分之百支持。公民教育與領導活動學系副教授謝智謀想開六學分，是爬喜馬拉雅山的學分，張國恩全力支持，因為他相信學生去爬喜馬拉雅山回來，一輩子會改變。

一系所一標竿　全力蛻變起飛

系所評鑑的方式，臺師大也是走自己的路，力推「一系所一標竿」的評鑑指標。傳統高教評鑑注重內省（Inward Looking），標竿學習偏重外求（Outward Looking）。前者是

自己與自己比，後者必須向外取經，將「他山之石，可以攻錯」的道理實踐，做為系所改善自我績效的一種實質方法。

臺師大以校級國際合作案為具體目標，全面與世界接軌，然而，鼓勵各系所找標竿學習對象，張國恩力求務實，不能好高騖遠，找一個遠不可及、落差太大的目標。他請各系所去找一個三至五年內可達成的典範標竿，要有實質的學習互訪交流，包括中文系、歷史系等，每個系所都要找到國外的標竿學習對象。

「我們要求每個系所必須在全球各頂尖大學中，找到一個參考的標竿科系，並列出對方值得學習之處，逐年達到列定標準，」張國恩指出，「這是臺師大世界排名快速提升的主因。」。

當然，作為校長的張國恩自己也要以身作則，校務行政也要找到標竿學習大學。臺師大運用科技部的補助，與美國賓州州立大學聯合成立「學習科學跨國頂尖研究中心」，雙方並簽訂國際合作協議，雙方合作致力於語言科學、科學教育以及學習科技三大主軸的研究與交換計畫。其中，交換學生計畫，先讓賓州州大學生來臺，與臺師大學生共同學習半年後，再一起回到賓州大進行下半年的交流。學生在校期間就培養國際人脈，對未來升學或就業都有很大幫助。

南卡蘿萊納大學校長Dr.Harris Pastides共同簽訂合作協議

與南加州大學合作國際企業管理雙碩士學位學程（NTNU-USC DIMBA），聘請南加大老師來台師大授課

學習科學跨國頂尖研究中心成立後，除了有賓州州立大學的經驗，也與國內外廠商洽談合作，推出可以線上刷卡遠端學華文的網路平臺。張國恩說，長期目標希望結合雲端運算技術，打造世界第一的華語文學習品牌。

在張國恩的觀念裡，排名是必要之惡，但只要不是追逐排名的本身，而是運用排名來促成系所體質的強壯，教學研究的進步，並讓學生受益，讓世界大學排名，就好像個人名片上的重要頭銜之一，對學術交流、國際合作，是有利的工具，排名就有了意義。

在這樣的思維下，張國恩去推動校務發展的結果，臺師大的世界排名交出一張亮麗的成績單。

國際高等教育資訊機構QS（Quacquarelli Symonds）二〇一七年「全球大學學科領域排名」，臺灣師範大學共十個學科入榜，教育學科、語言學科擠入全球前五十大，分別為全球第四十名、第四十八名，其中教育學科連續五年穩居全球前五十名。藝術與人文領域從二〇一六年全球一百六十名進步至二〇一七年的一百二十七名；社會科學與管理領域從二〇一六年名列全球兩百七十五名，進步至二〇一七年兩百四十三名。

其中語言學科從過去四年名列五十一至一百名，進步到今年第四十八名；現代語言學科從二〇一六年的一百零一至一百五十名，進步到二〇一七年的五十一名至一百名，進入全球百大；英語文學學科從二〇一六年的兩百零一至兩百五十名，上升至二〇一七年的一百五十一名至兩百名；藝術設計學科首次入榜就登上一百零一至一百五十名。

藝術與人文領域在高被引論文（H index）大有斬獲。教育學科的總分七十七・一分不變，但高被引論文（H index）分數從七十九・八分上升至八十四・三分；語言學科總分從六十四・二分上升至六十九・九分，學術聲譽從六十五・七分進步至七十二・六分，雇主聲譽提升至五十一・六分，高被引論文（H index）上升至六十四分。

世界大學排名 臺師大進步神速

整體的世界大學排名成績，也是進步神速。英國高等教育調查中心QS於二〇一六年九月公布的二〇一六／二〇一七世界大學排名，師大由三百七十六名進步至三百一十名，大幅躍進六十六個名次，是國內進步最多的大學；更在全球前三百五十名大學中，近三年共提升一百七十五個名次，為全球進步名次最多的三所大學之一。

二〇一七年六月八日，QS又公布最新世界大學排名，臺師大從去年三百一十名上升至今年兩百八十九名，躋身世界前三百大，自二〇一三年至今連續五年進步，名次躍升了近兩百名。國內名列前四百大之大學中，師大這次上升二十一名，進步名次最多。

泰晤士報高等教育特刊在二〇一六全球最佳大學排名中，臺師大在「國際化程度」指標在臺灣各大學拔得頭籌。臺師大有三百一十三所姊妹校，其中三十三所名列世界百大名校。在張國恩的觀念裡，追求國際化，不是只為提高學校的名聲，更應回歸有利學生學習的本質。與國際優質的大學交朋友，可大幅增加雙聯學制、交換生、訪問生及海外短期語言學習與實習的機會。

多元的學聯學制是臺師大的特色之一，包括「三+二學碩雙聯」、「二+二學碩雙聯」、「一+一碩士雙聯」；臺師大已與芬蘭奧盧大學、美國密蘇里大學哥倫比亞校區等十九校，簽訂有二十八個雙聯學制合作協議。

張國恩規畫的藍海策略裡，世界大學排名只是工具和通道，最終目標是促成臺師大的蛻變。從優秀人才延攬、研究團隊拔尖、課程精進、國際化提升、組織及行政革新、到校園整建等全方位都要精益求精。尤其要加強學生學習及研究的環境，以培養具全人素養與跨領域領導人才，在張國恩心中的高教藍圖中，這才是大學的關鍵使命，讓臺師大從傳統師培大學，蛻變成一所「跨域整合、為師為範」的優質學府。

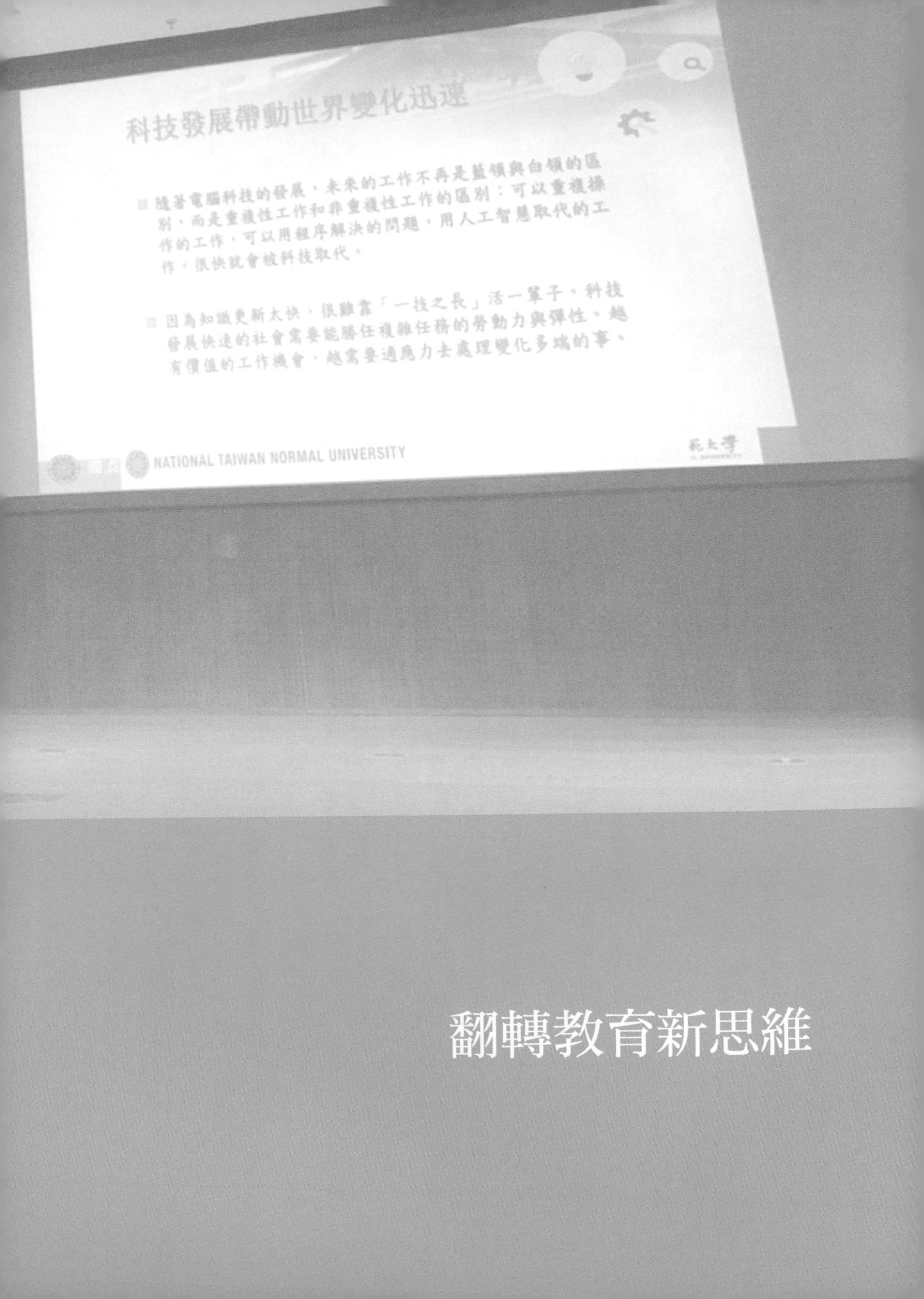
科技發展帶動世界變化迅速
隨著電腦科技的發展，未來的工作不再是藍領與白領的區別，而是重複性工作和非重複性工作的區別：可以重複操作的工作，可以用程序解決的問題，用人工智慧取代的工作，很快就會被科技取代。
因為知識更新太快，很難靠「一技之長」活一輩子。科技發展快速的社會需要能勝任複雜任務的勞動力與彈性。越有價值的工作機會，越需要適應力去處理變化多端的事。
NATIONAL TAIWAN NORMAL UNIVERSITY

翻轉教育新思維

Chapter 17

當北大遇到臺師大

二〇一七年二月二十四日，臺灣的翻轉教育思維，吹進北京大學校園。北大校園裡，首度有來自臺灣的大學校長發表專題演說，可以容納兩百多人的演講廳，座無虛席，吸引滿場中國最優秀的大學生聆聽。

高等教育的目標到底是什麼？當大學發展到一定規模後，大學針對教師的教學該進行什麼樣的思考與改變？針對這樣的議題，張國恩受北京大學邀請進行一場「二十一世紀高等教育兼論翻轉教育思維」的演講，暢談科技帶來的教育新思維，以及老師和學生所要面對的困境，甚至大談教育鬆綁、跨領域學習的想法。

大學影響社會的兩種方式

在演講開始之前，張國恩與北大校長林建華，針對當今的高等教育問題有一番對話討論。隨著網路科技的進步，高等教育也面臨重塑的問題，北大校長林建華指出，大學發展已經到了一定的規模，他憂心學校教育已經跟不上時代，甚至老師的教學

張國恩校長與北京大學前校長周其鳳簽約兩校正式成為姐妹校

張國恩校長赴北京大學演講，現任北京大學校長林建華校長進行接待

已不符合社會的需求，所以現在所關心的不僅是學校的建設，而是教師的提升和學生學習的需求。

張國恩則認為，科技不代表創新教學，課程教學的革新，教師不能再本位主義；此外，大學的價值，絕對不再只是企業培訓人才的場所，而是一個促進學生統整學習、提供多元理解的環境。

張國恩在演講的開場白表示，大學主要透過兩種方式影響社會發展：一是人力資本的養成，促進個體的自我實現和收入的提升；一是對真理的追求，新世紀的大學雖然強調知識創造，本質仍與宇宙精神相繫，使更多人獲得啟蒙，引領文明的創新。

張國恩指出，大學是人力資本養成的場所，不該有退學制度，他取消了師大的「雙二一退學」規定，只規範修業年限，重視學生學習權利及回歸教師評量權；減少必修學分數與授課時數，以增加學生學習機會；與技術型高中合作「生活技能通識課程」，讓大學生回到高職去學習實作技術；率先廢除「操行成績」，培養學生自律能力；率先設置「專責導師」，進行全方位學生輔導；率先設置「社團人專業領導培力學分學程」，專業學識課程搭配社團實務經營。此外學生在海外實習、海外志工的經歷，列入「世界足跡學程」。

師大每年暑假舉辦「孔子行腳」活動，讓兩岸學生相互到對岸參與偏鄉教學，已辦了七年，張國恩指出，每個地方都有自身的發展背景和特色，深入交流才能真正了解，「謙卑的態度非常重要，因為你謙卑才能夠反省、學習對方優點，也把自己優點分享給對方。」

翻轉教育的五個思維

臺灣教育界近年吹起的「翻轉教育」風潮，但張國恩認為，臺灣翻轉教育觀念不對。不能說只要是電腦科技就是翻轉教育，科技只是改變教學使用的方法。科技沒用好還會有後遺症。創新教學不見得都是好的，要能夠「創新的有意義的學習」，教育理論真的有一個「有意義的學習（meaningful learning）」，指新的知識可以跟已學知識融合一起。但現在太強調創新，不見得有效。

張國恩告訴北大師生，首先要翻轉的是教育思維，不能為翻轉而翻轉，也不是運用科技的教學方法就是翻轉教育。他提出高等教育思維翻轉有五個重點：一，以學生為中心的能力本位課程架構與教學設計；二，強調生涯輔導與職能探索的適性發展；三，配合未來趨勢與產業發展需求的跨域整合；四，未來教師不再一味教學生知識，而要扮演為學生搭起學習鷹架的角色；五，科技帶來的有意義創新教學模式。

張國恩指出，大學可以說是人力資本養成的場所、提供人們對真理的追求的環境，大學是提供全方位環境的地方，大學是個平臺，首要考慮學生生涯輔導與職能探索之適性發展，建立以學生為中心的課程架構與教學設計，打破以教師自我立場為主的課程規劃方式，未來教師要更能掌握未來趨勢與產業發展需求之跨域整合。如此達到因材施教、適性學習。他強調，老師不再是權威代表，不能在有限的能力中限制學生未來無限的發展，更不要以為科技帶來的教育模式就是翻轉教育，而是要了解科技帶來的創新教學模式是否有助於學生學習。

「翻轉教育並非侷限在科技教學上，」這是張國恩堅持的想法，他也對學生談起網路時代所引發的「迷失概念」議題，許多學生認為網路世界可以解決所有疑問，但卻可能取得錯誤訊息而讓學生迷失其中，學生應該學會觀察，對於未來，也思考如何運用自己的專業知識，跨領域的運用才能創造自己的價值，他更強調meta-knowledge的重要性，因應科技帶來的創新教學模式，他鼓勵跨域與統整學習以促進多元理解。

張國恩認為，科技和網際網路的發展，加速人才跨國流動，大學之間競爭更為激烈，導致強者恆強、弱者恆弱。二十一世紀國際競爭的焦點不僅是人才的競爭，也是全民素質的競爭，大學要培養年輕人「在全球各地運作自如」的能力，不單是外語能力的掌握，更重要的是，了解不同文化的行為和思考模式。

知識更新迅速　不能只靠一技之長

他指出，隨著電腦科技發展，未來可以重複操作、用程序解決、用人工智慧取代的工作，很快就會被科技取代。因為知識更新太快，很難靠「一技之長」活一輩子，越有價值的工作，越需要有能力處理變化多端的事。

面臨世界的競爭，張國恩認為大學不是企業管理化，本身要做到企業化管理，以提升競爭力，克服國家經濟成長率下降、高齡化社會，以及低就業人口的結構性因素等問題，維持高教品質增進全球移動力以發展國際化校園、運用數位科技於校務研究與教學活動、建立具多元價值與效率之校務經營文化。

大學不只是提供文憑的地方

張國恩說，每個人都要尊重多元的校園價值，自由自治之校園文化，每個人不該有「只要我不喜歡，你也不可以」的想法。演講時一位哈佛大學留學生提問，大學許多知識可以從互聯網得到，技術可以透過實習在企業中學習，大學存在的價值是不是只剩下提供文憑？張國恩回應說，大學不只是學習知識，而是提供多元環境的學習平臺，學會與人共同生活、合作、解決問題。

多年致力促進兩岸高教交流，張國恩走過大陸都會和偏鄉，也和兩岸學子有過不少互動。他深信，兩岸大學有相互學習借鑑之處，大陸大學有國際交流優勢，面向全球，也可創造許多議題；臺灣也努力國際化，但礙於國際現勢，侷限性較大；但相較之下，臺灣大專校院相對自由開放、教學觀念較創新，雙方應該多學習對方優點。

北京大學副校長高松代表北大致贈師大銅雕太極雕像

附錄　凡走過必留下痕跡．張國恩校長在師大的二三事

楊雲芳

九十九年二月二十二日，張校長就任國立臺灣師範大學第十三任校長，肩負起帶領臺灣師大轉型與改革的重任，時光倏忽而過，兩任任期即將屆滿，主持校務近八年，為師大開展令人刮目的新頁。期間我有幸追隨學習，擔任機要秘書一職，得以近距離觀察及體認校長為人處事真實面，目睹他待人寬厚，治校認真，深刻感受到他是一位天資聰明、性情平和、生活樸實，好相處又配合度高的長官。高ＥＱ的穩定性格，讓他得到師生同仁的支持，穩健地推動校務順利發展。

一、與張校長的機緣

回憶八年前，本校第十二任校長郭義雄校長卸任之際，我正好達到可退休年齡門檻，原意與郭校長一同「畢業」，一方面得以讓新上任的張校長欽點中意的機要秘書人選；另方面也想全力照顧家庭，應為退休的最適當時機。但當時心中對於母校及工作多年的環境總有些難以割捨的情緒，而且多位師長也說服我繼續服務，就在舉棋不定時，接獲已退休的前教育部吳鐵雄次長從臺南寄來的一封信，吳前次長是我在師大電子計算機中心當工讀生時的老長官，亦是張校長在七十九年進入師大資訊教育系服務時的系主任，他在來信中特

別強調張校長是一位很好的長官，鼓勵我留下，定可以勝任愉快，復以林主任秘書安邦也轉達張校長有意留我在校長室服務的指示，就此因緣際會下，讓我延長了八年的公職時光。

張校長與我雖在師大任職多年，但在他擔任校長之前，我並未有機會與他同單位共事，時有耳聞他與部屬們相處愉快，絲毫沒有長官的架子，也讓我在接任他的機要秘書時忐忑心情舒緩許多，所以同仁曾有「楊秘書真是走老運！」的玩笑之語，但確實所言不虛。對於張校長願意破格任用，我心中充滿感激，懷於知遇之恩，八年來我敬謹從事，認真投入，所幸尚無踰越。

二、寬和睿智、明快周延、迭有創見

大學校務，經緯萬端，一校之長，每日案牘勞形，難免事多心煩，在會議、會客、參加活動、看公文、接電話中忙得不可開交，還經常有突發事件要處理，但張校長總能快速地轉換情境，進入最新狀況，尤其鮮少見他挑剔或嫌棄週邊的人事物，間或偶有苦惱晚上應酬飯局太多，無法回家陪夫人用膳，難保持身材外，從未見他顯現不耐煩或對部屬疾言厲色。所以我們在校長室的同仁不會因他在而有壓力，噤聲不語，辦公室的氣氛總是愉悅的。

張校長作風明快，行事周延，充分展現在他處理行政事務的果斷及效率上，校長每日行程非常緊湊，但辦公桌上總是有許多公文須留待他親自批示，由於可用時間不多，經常都是利用零碎時間趕閱公文，他從不拖延耽擱，只要到辦公室就立即批閱。因行政經驗豐富且思慮周密，所以只要十多分鐘就可快狠準地把堆積如山的公文閱畢，而且核示明確，切中要旨，連我們這些老行政都自嘆弗如。

校長對部屬的觀點及建議，大都採開放及鼓勵態度，他講求大原則，充分授權，給部屬極大的發揮空間；又富有同理心和另類觀點，能在別人的立場去思考問題，不論是站在某個單位或是教師、學生的立場；

而另類觀點即創新思維，他會從不同角度觀察事情，往往能在危機中看見契機。因此單位主管或同仁有再大的困難事情向他請示後，就像吃了定心丸一樣，皆能迎刃而解。我們常在工作互動中領會校長對事物的獨到見解，見人所未見，思人所未思，洞燭機先，身為部屬，受益良多，何其有幸。

三、技職出身，樂於付出

張校長生長於北臺灣基隆的一個漁村，兒時在沒有功課壓力的環境長大，童年堪稱無憂無慮，他曾說：「小時候幾乎都在玩！家裡有吃不完的海鮮！」人說吃魚的孩子聰明，所言不假。由於父親是船長，在外時間多，賴慈母循循善誘，塑造他平和寬厚的性格及奠定日後多元發展的基礎。而在地討海人刻苦樂觀拚搏的精神對他影響頗深，也造就了他堅毅樸實的性格。國中畢業後，為就業考量，選擇進入臺北工專（現國立臺北科技大學）就讀，技職教育出身的背景，讓他知道要認真唸書才能自我突破更上層樓，體會到自我學習的重要；懂得虛心對人，樂於分享與付出，學會欣賞及學習別人的優點，更看清楚自己要努力的方向。

四、任職師大，跨域學習，亟思回報

在完成臺大電機研究所博士學業後，他決定從事教育志業，進入臺灣師大服務，師大豐富的學術價值及人文藝術風華底蘊，引領國家教育發展及政策導向，讓理工背景的他充滿驚艷嚮往。張校長那時體認到，若是想對師大盡一份心力，就必須先要了解教育這門學問，於是決定自學，開始大量閱讀教育方面的相關書籍，花了約四年的時間來建立自己的教育知識素養，並在教育政策及師資培育面深入探討；而研究領域也從原來的電機工程漸漸轉換到如何將資訊運用到教育方面，投入計算機與教育理念結合之研究，推動電腦輔助教學、數位學習及行動學習，成為一個真正的跨領域學者。

在師大教學及研究生涯得以充分發展，張校長心中一直充滿感激，更期許自己有所回饋。在師大服務二十七年的光陰，從講師到教授；歷經電子計算機中心主任、資訊教育學系主任、圖書館館長、副校長到校長等行政工作，多年的薰陶及付出，讓他成為一位擁有濃厚人文情懷的師大人，不但在學術研究上展現跨領域長才，各種行政工作的歷練，更讓他有機會打造師大成為一個兼具理性與感性的學府。

張校長於民國七十九年剛到師大服務時，師大還是公費時代，學士班畢業生都能分發到中學任教，民國八十三年開始，政府實施師資培育多元化政策，師大全面的公費制度被取消，只有極少數學生享有公費，師大培育中學師資的獨家事業受到了巨大的衝擊，對於無法擔任教職的學生，要如何輔導他們的生涯發展，教職員工的心態要如何調整，由於當時學校與產業界的關係不深，如何與產業加強聯結，提升學校的競爭力，就成為亟待努力的重要課題。但張校長認為師大仍保有許多優勢，包括地理位置好，有利於招生及延聘師資；教職員人力充沛素質高，學生享有充分的教育資源；領航臺灣教育、藝術及體育研究領域，有不可取代的地位，所以只要努力朝向多元化發展，面臨的困境應該都可以克服。

五、蛻變九五、大學典範

張校長於九十九年上任時提出「蛻變九五，大學典範」之治校核心理念；以九大發展重點、五大執行方案做為努力之目標與方向，並期許自己在傾聽、溝通及和諧氛圍中推動校務興革發展。他首先利用ＳＷＯＴ分析，找出學校特色與優勢，揭櫫「以師範精神為典範，並以人文、藝術、科學整合發展為特色的綜合型大學」的自我定位。同時擘劃了「教學卓越，學術頂尖，國際接軌」三大願景，帶領學校從師資培育的搖籃轉型成為社會菁英養成的重要基地。在實際執行方面，他發揮自己在科學與教育方面的訓練，運用質化與量化雙重的評量，領導學術及行政團隊循序前進，走穩革新的腳步。上任後，獲得師生同仁們的信賴及支持，校務工作得以順利推展，並穩健成長。

六、獲得教育部五年五百億邁向頂尖大學計畫，師大進入新里程碑

民國一百年，在張校長的運籌主導下，師大在提昇教學研究品質及國際競爭力方面的努力獲得教育部及各界肯定，乃在眾多大學中脫穎而出，獲得「教育部五年五百億—邁向頂尖大學第二期計畫」經費挹注，除正式進入臺灣頂尖大學之林，亦是獲選大學中唯一具人文及藝術特色的綜合大學。頂大計畫的獲得，讓師大進入了新的里程碑，在以往，師大一直被列為教育類大學，教育部各項評比及補助，師大常被排除在一般綜合大學之外，進入頂大計畫後，不但可與臺灣其他大學分庭抗禮，而師大獨有的人文藝術及體育運動優勢更是如虎添翼，一日千里。有此龐大經費的助益，用以結合學校中長程校務發展計畫，積極致力於整體制度與組織運作、基礎建設、重點領域拔尖、延攬人才、教學與輔導、人文及社會領域強化、產學合作及國際化等八大面向之興革發展，以加速達成計畫所定目標及校務願景。

為推動、考核及執行邁頂計畫，張校長指示成立「邁向頂尖大學計畫推動委員會」及「邁向頂尖大學計畫辦公室」，負責計畫績效指標之達成及經費運作事宜。邁頂計畫以兩個頂尖研究中心（華語文與科技研究中心、科學教育中心）為發展核心，開啟師大新世代「學習科學」研究發展之路；輔以三個重點領域（教育、藝術文創、運動休閒）為特色主軸，讓學校特色領域科技化、產業化、實用化，呈現出師大更創意、更多元的未來。透過嚴謹的管理及考核機制，並在健全的財務管理與運用之下，辦學績效有長足進步。

七、續任校長，營造師大幸福有機體

一〇二年五月八日師大舉行校務會議，進行第十三任校長續任同意權投票，張校長獲得超過二分之一以上同意票，取得連任資格，報請教育部續聘至一〇七年二月二十一日。校長在續任時提出「和諧尊重，績效卓越，營造師大幸福有機體。」的理想，以設立標竿、學習標竿與超越標竿；滾動式行政革新，打造高效率之運作機制；落實績效制度，建立公平正義之校園環境；營造自由、自治與國際化之校園文化；建立超越自我、追求卓越與邁向頂尖之學術氛圍；積極建設，擴大財源；發展多元學術價值，追求相互尊重之和諧校園為具體目標。

張校長在既定之校務發展主軸上，秉持師大既有傳統特色及優勢，推動校務改革發展，帶領學校在提升教學品質、強化研究實力、推動國際化發展、經營永續校園及進行行政革新等方面，都有顯著的進步。在歷經各項校內外考驗過程洗禮後，師生同仁在觀念及方法上已漸次蛻變；而外界對師大的認知，亦已逐漸跳脫傳統僅為師資培育大學的刻板印象，本校多元化之學術價值已被各界認同。張校長續任後期望師大朝向更開放、更自由的校園發展，讓師生們有更多發揮的空間，除要確保師大師資培育之傳統優勢，更要開創新局，追求卓越，使師大保持在臺灣頂尖綜合大學之列，更進而朝向成為國內大學之典範及國際馳名之一流學府目標邁進。

八、師大世界排名逐年上升

近十餘年來，各大學在世界的排名被視為國際競爭力的展現，張校長任內最為師生所樂道的是師大的世界大學排名逐年進步，曾有校內師長比喻，師大的世界大學排名進步趨勢，與張校長任期完全正相關。以英國高等教育調查中心QS世界大學排行榜為例，其六項評量指標包括：學術聲譽（百分之四十）、雇主評分（百分之十）、師生比（百分之二十）、教師論文被引用次數（百分之二十）、國際教師（百分之五）、國際學生（百分之五）。本校自二〇一〇年首度進入前五百名，之後逐年持續穩定上升，二〇一七年進步至全球第兩百八十九名，近三年之進步幅度居國內大學之首。在亞洲排名部分，本校在二〇〇九年位居一百〇五名，逐年持續進步至二〇一六年的五十八名，八年來無論在世界或亞洲的表現皆大幅躍進。另，二〇一一年QS開始進行學科排名，依據五大學術領域、四十二個學科來分析大學之表現，排名指標包括學術聲譽、雇主聲譽、論文被引用數及H-index等四項。本校入榜學科數亦逐年成長，二〇一七年已有十學科進入排行榜，而教育及語言學為本校表現最佳學科，分別名列全球第四十名及第四十八名，在穩定成長的軌跡中奠定了穩固的領先地位。

但是張校長常說，「大學排名是必要之惡，可注意，不可注重」，師大並不以追求大學排名為目標，而是要充分發展學校的特色。不同的世界大學排名機制所使用的指標和權重亦有所不同，我們可將之視為學校改善與提升研究與教學品質的參考，並做為繼續追求進步的目標。經由大學排名的評比所呈現出各校辦學狀況，學校可藉以了解與他校之優勢與差距，有助於尋找自我改善的方向，擴大視野格局。因此張校長於一〇二年成立了專案小組，將大學排名評比指標中的教學、研究、國際化等面向進行自我檢視，針對學校表現及全球趨勢進行分析，以評比指標做為檢視校務發展之參考，經由跨單位的合作與溝通，擬訂符合趨勢之策略性推動項目，並以提供學生高品質的受教環境、提供教研人員充沛的學校資源、提升教學及研究的質量為方向，期在跟進世界高教潮流的同時，打造學校成為具有競爭力及獨特性的國際型大學。

九、四級四審制，提升師資素質

「大學就要有大師」，師資素質可說是大學的命脈。張校長認為師大的體質要改變，師資素質的提升為首要。要如何為學校聘到好老師，首先他把教師員額收歸學校控管，各系所要新聘教師，須提出申請，而且先要向海內外訪求優秀人才，為保證聘到好老師，第一關就必須通過校長的審核。張校長求才若渴，非常鼓勵各系所積極尋求人才，只要是能聘到大師或是有研究潛力者，他就會給員額。當然校長也不是單憑個人的評斷，他會召開審查小組會議，請二至三位校內外相關領域的專家一同審查，如果這第一關通過，才交付系所、院、三級審查。所以一般大學教師聘任須經三級三審，師大則為四級四審，就是多了校長這一關。這樣的方式行之有年後，學校不但聘到了諾貝爾級的高行健、莫言等大師，更延攬了許多海內外院士級的傑出學者及年輕富研究潛力的人才，促進了學校近三分之一教師的新陳代謝，對整體師資素質的提升產生了顯著的效果。

十、推展國際化，增進全球移動力

從QS世界大學排名顯示，師大的國際化程度指標，居臺灣各大學之首。二〇一五年第十一屆QS-APPLE高等教育國際年會，本校獲得「最佳國際網站」（Best International Website Page）銀牌獎，這也是該獎項設立八年來臺灣首度獲獎之大學。師大的國際化策略是建立由內而外、由外而內、從學生到老師、從行政到學術之全面國際交流與思維，並運用國際資源來發展校園國際化環境。張校長提出「一系所一國際合作案」，進而「一系所一標竿計畫」，並在系所的評鑑指標中規定每個系所都要從國外找到一所大學的相關科系做標竿，必須對接，要有實質的互訪及交流，這樣的方式，促使每個系所自然而然地去推動，使國際化成為每個系所的ＤＮＡ。九十九年師大有兩百所海外姊妹校，一〇七年成長至三百一十三校，其中有三十三所為世界百大名校，雙方進行雙聯學制、師生交換、訪問、海外短期語言文化學習與實習等合作。我們向標竿學校學習，他們會樂於提供許多資訊及協助，就可以進一步簽署合作備忘錄及學生交換約。繼一系所一標竿之後，張校長進一步推動「世界百大城市交流計畫」，自世界各國中找出一百個適合之重點城市進行實質合作交流，達到培養全球人才目的。

在增進師生全球移動力方面，除了延攬國際學者，更鼓勵每位學生在校期間至少有一次「世界足跡」的學習，透過學位雙聯制、交換學生、夏日學校、文化及語言學習及參與志工活動、國際競賽、國際研討會等，增加跨國學習的經驗。在發展國際化校園方面，開辦國際學位學程，強化境外招生，以招收百分之五十國際生為目標，並籌備網路化大學，透過網路向全球招收國際生。

在建立跨國合作關係方面，如與美國賓州州立大學（ＰＳＵ）簽訂標竿學習計畫；與美國賓州州立大學、匹茲堡大學、卡內基美隆大學、中央大學、陽明大學共同成立「學習科學跨國研究中心」；與美國加州大學爾灣分校合作成立「生技醫藥跨國研究中心」；與美國柏克萊大學進行「臺師大——柏克萊頂尖人才躍升計畫」；與英屬哥倫比亞大學教育學院推行師培合作方案等，不但提昇研發能量及國際能見度，並吸引更多國內外資源投入。

十一、刪除學士班學生雙1/2退學規定及取消操性成績

本著「沒有不能教的學生」及「不放棄任何一位學生」的理念，師大於一〇二學年度首開國內大學風氣之先，取消了學生連續兩學期二分之一學分不及格退學的規定。這樣的措施一公布，教育部及各大學多數持保留態度，擔心會有後遺症。其實這樣的措施不但符合教育理念，更是服膺大法官釋憲第六八四號主張，保

障學生的受教權，對於志趣不合或家中遭逢變故的學生，給他們調整學業及身心的機會。當然學校要做如此大的改變絕非躁進，教務處及學務處都做了詳盡的評估，並研議完整的配套措施及輔導機制。由教務處每學期追蹤學生學習狀況的數據顯示，雙二分之一退學規定取消後，留校學生並未有明顯增加情形，反而是成績落後的學生在學校的輔導機制下，有了補救的機會。

有鑑於一般國外大學皆未進行學生操性分數之評定，為革新行之有年，已淪為形式的操性成績制度，經審慎規劃，並研擬完整之配套措施後，師大自一〇二學年度起取消操行成績評定，亦是首開國內大學之先例。取消操性成績並不等於不重視品德教育，張校長認為此舉有破除教育形式主義、具體落實品格教育及信任學生自律能力三大意義。學校不再以操行成績來評定學生的品德表現，而是藉鼓勵學生多參與社團及課外活動，引導學生善用學校資源來豐富學習，並把各項學習經歷記錄在數位化學習歷程檔案（e-portfolio），以培養自主學習與生涯規劃能力。如學生需要操行分數或等第證明，仍可透過學校提供的轉換機制申請。就在師大實施取消操性成績兩年後，臺大於一〇四學年度跟進。

十二、爭取無償撥用國有土地，擴增校地，節省公帑數十億

師大校本部及公館校區位處市中心菁華地段，校地擴建不易，而購置校地經費龐大，經費動輒數十億以上，教育部幾無可能補助，學校亦難籌措。因此張校長乃積極尋覓爭取可發展校地，並與政府各部會相關單位協調磋商，經多方協調爭取，近年來無償取得數筆國有土地，包括財政部位於臺北市臥龍街國有土地八百八十五坪，節省土地撥用經費逾七億三千萬元；無償取得師大林口校區旁面積逾八公頃土地，節省土地徵購費用十九億元；無償撥用國安局福州街十一號日式宿舍前劉真校長故居兩百坪，節省土地撥用經費一億八千餘萬元。由於張校長的遠見及努力，這些土地的取得，為學校發展榮景奠定了長遠的利基。

十三、古蹟修復及景觀資產活化、創意多元

校園古蹟修復及景觀資產活化也是師大的特色表現。珍視文化資產之保存、修復及再利用，積極改善閒置空間，近年來將梁實秋教授故居、文薈廳、禮堂等古蹟校舍以古法修復，再現舊有風華，提供師生典雅舒適之藝文休憩空間，營造與社區互動良好之開放校園。

在不影響教學研究前提下，就現有資產予以多元創意活化，並綠化環境，引進商家進駐，為師生同仁校園生活多樣化開啟新空間及增加便利性，除提升不動產運用效能，創造資產價值，增加學校收益，改善校園景觀，更藉此培養師生文創思維，型塑校園文化特色。樂智樓廣場、青田街貨櫃屋創意基地、文創商店市集、樂活健康診所等，不但提供師生展演活動平台及創意展現空間，並結合書店、美食廣場等，打造舒適環境，讓師生樂於在充滿人文典雅氛圍校園停留駐足。張校長的校園資產活化策略是創造多贏的價值，為位於市中心精華區的師大校園發展出一種獨特經營模式。他曾打趣地說，只有師大能拆掉任何一方圍牆就可做起生意，讓那些進駐店家成為學校的圍牆，一同幫助維護校園安全，又可以有收入，反而為學校帶來好處。但是學校對於進駐的店家有嚴格標準，不但要有文化創意，還要必須與學生生活結合、符合學生的需求及品味、提供學生工讀機會，並協助環境美化。所以師大的財產管理及運用效益方案成果受到肯定，曾獲得財政部國有財產局「國有公用不動產活化運用成果評比」全國第二名。

十四、完成校史增修及師大七十回顧系列叢書鉅獻

讀校史可瞭解一校之篳路藍縷創校艱辛，洞見治校理念及辦學風格。師大於民國三十五年創校，歷經七十四年及八十二年兩度編纂修訂校史，惟自八十二年後未再增修，為保存及紀錄完整珍貴校史資料，張校

長於一〇三年五月指示成立校史編纂委員會，積極進行校史增修及編纂工作，歷時三年完成此歷史性任務。一〇五年六月五日七十週年校慶，《國立臺灣師範大學校史增修版》與「師大七十回顧系列叢書」共計十一冊專書和一部紀錄片一同出版。師大七十回顧系列叢書包括《另一種凝視：師大七十》、《師大與臺灣教育》、《師大與臺灣國學》、《師大與臺灣美術》、《師大與臺灣體育》、《師大與臺灣音樂》、《師大與華僑教育》、《師大風雲人物》、《看見師大校園》、《師大生態地圖》與《師大光影回憶—風華永現》，詳實記載師大七十年來多元且豐富的發展歷程及對臺灣社會的影響與貢獻。另於圖書館一樓規劃「師鐸傳世・薈萃風華」校史展示廳，展出本校七十年來自「臺灣省立師範學院：種下教育的種子」、「臺灣省立師範大學：教育扎根發展，健全的師資培育體制」到「國立臺灣師範大學：磐固的文教蘊底・轉型為頂尖的綜合型大學」三大階段發展主題，藉文字描述與校園老照片，呈現本校與臺灣歷史發展的相互脈動。展區結合多媒體與實體文物呈現，將師大精神、大事紀、師大大師、校區發展、院系興革、國際交流、多元學習、卓越表現等多面向成果展示，讓參觀者能更瞭解師大歷史軌跡。史料編纂艱困費時，工程浩大，校史增修及師大七十回顧系列叢書的完成，為師大的校風與精神傳承提供最佳歷史見證。

十五、成立金牌書院，打造運動選手金牌人生

師大有眾多的運動選手，長時間在外集訓，為了國家的榮耀努力參賽，傾力奪牌，而張校長掛心的卻是他們的身心狀況及如何幫助他們畢業後的就業及生涯發展。為協助運動績優學生兼顧體育專長及學業，張校長成立「金牌書院」的想法應運而生，並於一〇五年十一月正式成立。首屆學員包括奧運國手莊佳佳、雷千瑩、吳佳穎、余艾玟等四十餘位。書院址設學校體育館內，由運休學院及所屬系所共同支援，並結合教務處及學務處等行政單位資源，為選手量身設計學分學程，開設E化行動課程，補強選手在外地集訓或練習而無

法兼顧的學業。另規劃多益精進班、英語會話班、專業證照班，並安排參與國內外移地訓練等，提供全方位支持與輔導系統，兼顧學員身心狀況，在訓練及課業之間取得平衡，能無後顧之憂地專心發展。學員之學雜費、住宿費全免，書院並對外募集基金，提供優渥獎學金，吸引各項國際運動賽會具奪牌潛力學生加入，打造選手金牌人生。金牌書院設院長、執行長、執行秘書、導師、輔導員等，處理各項行政及體育專業工作；每屆招收三十至五十位學生，以課程規劃、運動訓練、教練增能、行政支援、生活輔導及職涯輔導等六大範疇，落實選、訓、賽、輔、獎等工作，期培育優秀及具潛力的體育菁英人才，讓他們安心就學、訓練、參賽，達成卓越競技目標，更讓他們在完成學業後，能繼續精進，無論在運動專業或生涯規劃方面都持續有更精彩的表現。

十六、成立「國立臺灣大學系統」，開展臺灣高等教育合作新里程

大學的規模就是要大，比起國外知名大學學生人數動輒數萬至十數萬人，臺灣的大學以規模而言，實難與國外大學抗衡，因此所謂「大學聯盟」的思維應運而生，位處臺北市中心的三所臺灣指標性大學的結盟在三校校長全力支持下，就順理成章地水到渠成。師大與臺灣大學及臺灣科技大學於一〇四年一月簽署「國立臺灣大學聯盟」備忘錄，開展臺灣高教合作新里程。三校學術各有專長，臺大在各領域整體表現首屈一指；師大以教育領域為強項，並以音樂、人文藝術、運動競技見長；臺科大則在工程、科技高階產業技術人才培育居領先地位。三校分別為臺灣綜合性、教育和技職體系指標大學，皆位於臺北市大安區，地緣關係緊密。三校資源互補，結盟後整合跨校資源，尤在地利之便及互補性強等優勢下，成為具國際競爭力之頂尖大學系統。

三校本於平等互利原則，展開多項密切合作，系統內近六萬名師生可享圖書館、電腦、網路、商家折扣、交通車等資源及使用場地、運動設施、停車等各項優惠，包括課程資源分享，開放學生跨校選課；圖

書、電腦軟硬體及系統資源之分享及整合；合作進行學術研究活動及學術研究資源分享；共同辦理招生宣導及試務工作；共同推動國際交流活動；共同舉辦教師專業發展、學生社團及體育競賽活動；就社會重要議題辦理論壇活動或提出建議方案及研究計畫；其他符合三校共同利益之合作事項，以共同促進教學、研究合作及資源整合之理想目標。未來將進一步推動三校教師共聘或跨校合聘等教學資源整合，並研議於海外設立共同招生中心。一〇五年三月教育部核定通過「國立臺灣大學系統」成立，三校在資源共享、教研整合、各展特色的基礎上，由「聯盟合作平臺」進一步朝向「治理平臺」方向發展，藉由整合與合作機制，充分發揮各校所長與互補性，提升教師教學及研究品質，提升學生學習成效及擴展學生學習領域，強化社會服務及國際觀，樹立國內大學系統新典範，並為積極邁向世界頂尖聯合大學系統目標一同努力。

張校長英明寬厚兼得，高瞻遠矚，無時不以師大校務完善發展為念，對校園風貌及校務發展奠基貢獻良多。他努力開創師大之價質，展現學術影響力，實踐社會責任，打造學校成為師生實現人生理想的平臺。治校八年，師大在學術與產業聲望、大學排名、國際能見度、校園建設、師生凝聚力方面都顯著提升。如今卸任在即，仍積極為學校爭取教育部「高教深耕計畫」；規劃本校成立醫學院的宏遠藍圖，在在皆是要為師大之永續發展留下堅實的基礎，以期師大在競爭激烈的高等教育環境中永保優勢與領先地位。

凡走過必留下痕跡，張校長任內留給師大人受惠之軌跡不勝枚數，實非拙筆可盡述，僅略舉數端，藉以分享。張校長卸下行政工作後，得以再度徜徉教學，享受悠遊學術的樂趣，定能在專業領域有創新突破的成績，而我也將自公職退休，回歸家庭。拾憶八年來的點滴，回味再三，可謂我公職生涯中最難忘的一段美麗風景。

（本文作者楊雲芳，於九十九年至一〇七年擔任張國恩校長機要秘書。）

秀威經典　　PC0709　新視野47

翻轉，師大

作　　者 / 王彩鸝、黃兆璽、胡世澤
責任編輯 / 鄭伊庭
圖文排版 / 楊家齊
封面設計 / 許和捷
封面完稿 / 王嵩賀

出版策劃 / 秀威經典
發 行 人 / 宋政坤
法律顧問 / 毛國樑　律師
協力出版 / 財團法人中華民國中山學術文化基金會
　　　　　財團法人劉真先生學術基金會
印製發行 / 秀威資訊科技股份有限公司
　　　　　114台北市內湖區瑞光路76巷65號1樓
　　　　　電話：+886-2-2796-3638　傳真：+886-2-2796-1377
　　　　　http://www.showwe.com.tw
劃撥帳號 / 19563868　戶名：秀威資訊科技股份有限公司
　　　　　讀者服務信箱：service@showwe.com.tw
展售門市 / 國家書店（松江門市）
　　　　　104台北市中山區松江路209號1樓
　　　　　電話：+886-2-2518-0207　傳真：+886-2-2518-0778
網路訂購 / 秀威網路書店：http://store.showwe.tw
　　　　　國家網路書店：http://www.govbooks.com.tw

2018年3月　BOD一版
定價：490元

國家圖書館出版品預行編目

翻轉，師大 / 王彩鸝, 黃兆璽, 胡世澤合著. --
一版. -- 臺北市 : 秀威資訊科技, 2018.03
面； 公分. -- (新視野 ; 47)
BOD版
ISBN 978-986-95667-5-9(平裝)

1. 高等教育 2. 教育改革 3. 文集

525.07 106023746

讀者回函卡

感謝您購買本書，為提升服務品質，請填妥以下資料，將讀者回函卡直接寄回或傳真本公司，收到您的寶貴意見後，我們會收藏記錄及檢討，謝謝！

如您需要了解本公司最新出版書目、購書優惠或企劃活動，歡迎您上網查詢或下載相關資料：http:// www.showwe.com.tw

您購買的書名：________________________________

出生日期：________年________月________日

學歷：□高中（含）以下　□大專　□研究所（含）以上

職業：□製造業　□金融業　□資訊業　□軍警　□傳播業　□自由業

□服務業　□公務員　□教職　□學生　□家管　□其它_____

購書地點：□網路書店　□實體書店　□書展　□郵購　□贈閱　□其他

您從何得知本書的消息？

□網路書店　□實體書店　□網路搜尋　□電子報　□書訊　□雜誌

□傳播媒體　□親友推薦　□網站推薦　□部落格　□其他__________

您對本書的評價：（請填代號　1.非常滿意　2.滿意　3.尚可　4.再改進）

封面設計____　版面編排____　內容____　文／譯筆____　價格____

讀完書後您覺得：

□很有收穫　□有收穫　□收穫不多　□沒收穫

對我們的建議：________________________________

____

____

____

請貼
郵票

11466
台北市內湖區瑞光路 76 巷 65 號 1 樓
秀威資訊科技股份有限公司　　收
BOD 數位出版事業部

（請沿線對折寄回，謝謝！）

姓　名：＿＿＿＿＿＿　年齡：＿＿＿＿　性別：□女　□男

郵遞區號：□□□□□

地　址：＿＿＿＿＿＿＿＿＿＿＿＿

聯絡電話：（日）＿＿＿＿＿＿（夜）＿＿＿＿＿＿

E-mail：＿＿＿＿＿＿＿＿＿＿＿＿